I0137390

Laëticia Bezacier

Et si nos pensées s'envolent...

(notre cœur reste ici-bas)

ISBN: 978-2-9554649-1-5

http://www.lemurmuredesetoiles.com

© Laëticia Bezacier, 2015

12200 Villefranche de Rouergue

Tous droits réservés

Celui qui a les yeux et le cœur grands ouverts peut nous voir.

Celui dont les oreilles taisent les bruits du quotidien peut nous entendre. Il faut croire que la vie n'est nullement qu'apparence. Celle-ci va justement au-delà. Aux limites que l'Homme s'est érigées, je te propose de t'ouvrir aux mondes et toi tu restes là aux portes de l'ignorance. L'Univers est si vaste. Les possibilités sont incroyables. Je suis de l'autre côté, là où l'Air vibre, le Feu attise les passions, l'Eau chante et la Terre soigne. Les croyances et les coutumes nous ont reléguées au rang de mythes. Nous ne sommes nullement archaïques, voués à vivre seulement à travers les livres. Nous sommes là tout autour de vous.

A Toi, aujourd'hui, d'oser parcourir ses pages et qui sait peut être

ouvrir ton cœur à l'Infini…

Chapitre I

A en croire mes paroles, je ne suis pas aussi opposée à la religion. Imaginez un monde sans religion. Un monde où les Hommes n'auraient plus aucune foi. Même si la foi et j'en suis la preuve vivante, peut être bien plus forte en dehors de la religion. Les Hommes pour beaucoup, s'imaginent, tout de suite, Religion lorsque nous parlons de foi. Je n'ose imaginer les répercussions que cela pourrait entraîner. La foi ne pousse-t-elle pas l'Homme à se surpasser, à déplacer des montagnes ? La foi ne permet-elle pas d'aller jusqu'au bout de ses désirs ? Bien des inventions prodigieuses n'auraient pu voir le jour. Dans tous les cas, je ne peux pas devenir le précurseur d'un chaos. Tout doit être équilibre et si je ne suis pas capable de rétablir cette harmonie entre toutes les choses, autant abandonner et disparaître. Enfin disparaître … si je pouvais seulement revenir à mon état primaire. Je ne serai plus qu'une entité sans enveloppe charnelle. Et mon esprit serait libre de cette carapace qui me lie à la Terre. Le Bon Dieu, là-Haut ne pourrait plus me reprendre. Mais une autre petite chose me faisait espérer bien au-delà des apparences. J'étais remplie d'une foi immense et indestructible même face au Tout Puissant.

Le jour où je découvris mon immortalité, je compris qu'Il avait fait bien plus que de me transformer en « sa chose ». Il avait le pouvoir de me façonner à son image, de le suivre côte à côte et d'observer avec amusement ce petit monde dans haut. Oui, avec amusement… Il adorait déchaîner les éléments et voir ces petits Hommes s'en sortir. Il voyait mourir des milliers de personnes et rigolait comme si tout n'était que jeu. Mais ce jeu semblable à un jeu d'échiquier était immense comme la Terre. Le gagnant désigné d'avance, ne pouvait s'empêcher de jouer. La vie d'un humain n'était qu'un pion que l'on bouge au grès des envies. Lui, Il en avait beaucoup des envies. Moi, je n'avais pas de vie. Une vie… c'est un commencement et une fin. La lente dégradation du corps qui fait que l'esprit s'assagit et se détache peu à peu de celui-ci. Je connais mon commencement même s'Il m'a enlevé beaucoup de mes souvenirs. Je connais aussi le Temps, car à chaque mission nous pouvons le palper et en ressentir sa pesanteur. Mais jamais « Oh » grand jamais je ne connaîtrais ma fin. Ce « Dieu » m'a voulu pour lui. Quand pour la première fois, je lui ai demandé pourquoi j'étais là. Il m'a regardé de ses yeux sombres, je pouvais lire de la possession.

Il m'a répondu :

— Tu es à moi, tu es ma création. Je t'ai fait à mon image.

Mon esprit ne comprenait plus rien. L'Homme ne l'était-il pas lui aussi ? N'imaginez surtout pas que c'est Eve qui a poussé Adam à manger la pomme. Dieu n'a pas voulu faire des Hommes parfaits. Il aurait eu trop peur de se faire démasquer. Il voulait aussi voir comment les Hommes se débrouillaient. Et moi dans tout cela ? J'étais entre l'humanité et le Tout-Puissant. Un être identique à certains vitraux dans ces grandes églises, un Ange mais doté de sentiments auparavant enfouis... Une belle potiche en clair. Seulement, la potiche en question se remplissait de plus en plus de ce qu'elle voyait en bas. Chaque fois, elle se laissait immerger par ce flot de haine, de souffrance, de peur mais aussi de la compassion, un amour infini et une générosité incroyable. L'amour que j'accueillis en mon corps ne ressemblait pas à celui de mon Dieu. Ma première larme fut une effroyable surprise. Celle-ci coula délicatement sur ma joue comme une perle puis s'évapora. Je ne comprenais pas pourquoi nous pouvions pleurer de tristesse et de joie en même temps. Quelle étrange chose… Un jour que Dieu était à peu près de bonne humeur, je me risquais à lui poser la question. Il me fusilla du regard comme s'Il avait pris conscience que son objet était doté de la parole mais qu'elle pouvait aussi réfléchir un petit peu. J'eus cependant une réponse…C'est-à-dire pas grand-chose.

Un grognement suivit puis Il lâcha :

— Qu'est- ce que cela peut bien t'apporter de savoir ce qu'ils ressentent ? Tu devrais plutôt te concentrer sur tes missions… pour le bien de l'humanité ! Les Hommes sont très amusants, ils courent tous le temps et ils piaillent beaucoup.

Je ne m'attendais pas à cela, mais à cet instant précis, Il m'avait définitivement perdu. Je m'en allais vers ces Hommes si « piailleurs » et tournais le dos à cet être tellement parfait qu'Il ne ressentait rien. J'avais choisi mon camp, mais comment faire pour fuir, pour échapper à ce chemin tout tracé au milieu des nuages. J'étais prisonnière de cette tour d'ivoire. J'en avais la nausée. Par la suite, je ne pourrais plus physiquement prononcer le nom de Dieu et encore moins m'envoler là- Haut. Par choix et par conséquence… par liberté. Il me fallut du temps pour trouver et c'est l'Archange Gabriel qui m'en donna l'occasion. La potiche, que j'incarnais à merveille, dut un jour l'accompagner jusqu'aux archives. Dieu m'avait ordonné d'aller le chercher à sa place. Pour quelle raison ne s'était-il pas déplacé comme Il le faisait à chaque fois ? Mieux valait que vous ne sachiez rien. La raison en était plus que honteuse.

Gabriel m'ouvrit donc la porte de la Bibliothèque Universelle. Devant mes yeux se dressa l'histoire de l'Humanité. Elle me fut divulguée alors que l'écho de mes pas se répercutait sur les milliers de livres entassés de-ci de-là. L'Archange Gabriel me laissa là avec pour recommandation d'aller directement à la lumière puis de tourner sur la droite et suivre l'ordre alphabétique.

— Tout doit rester à sa place.

A la fin de sa phrase, il avait déjà fermé la porte à double tour. J'étais à présent seule. Mon esprit devait obéir et pourtant, je levais la main vers des rouleaux. Je pus palper le Temps. Une vie humaine. Des frissons me parcoururent. Mon corps fut électrisé. Je touchais ensuite des papiers, des livres de toutes sortes, de toutes les langues et j'aimais cela. Je m'enivrais de cette odeur si humaine. Chaque petite cellulose m'offrait tout ce dont je n'avais jamais pu espérer. Ni une ni deux, je fonçais jusqu'à la lumière puis tournais à droite. Le livre était à ma hauteur. Je le pris puis fis demi-tour. Ma main reprit sa course effrénée, touchant, effleurant même des parchemins, des feuilles et les mots se mirent à chanter pour moi. J'entendais leurs histoires. Elles étaient passionnantes, souvent tragiques et pleines de regrets, parfois remplies de soupirs d'amour ou de désespoir. Et dire que je croyais le Ciel impénétrable. Après d'interminables détours, je sentis une vive chaleur qui me fit sursauter, cognant au passage dans une étagère de derrière. Celle-ci vibra comme une onde sur l'eau. Par chance, un seul livre tomba. Il s'ouvrit et les pages se tournèrent toutes seules comme si un vent violent soufflait dessus. Chose impossible au Ciel. Alors que je m'avançais vers lui. Je sortis l'autre livre, celui que Dieu désirait. C'était lui la raison de cette chaleur. Je pouvais à peine le garder en main. A mon approche, les pages de l'autre livre cessèrent de tourner. Ma curiosité était vive. Je tendis la main et à son contact, je la retirais très vite. Il était glacé. Un frisson me parcourut. Devant moi se dressait deux livres, l'opposé l'un de l'autre. Et là, je le vis. Il était beau. Ses yeux étaient tellement vivants. Je pouvais imaginer les contours de son âme. Et pourtant, la position qu'il adoptait montrait une grande souffrance. Tous ses muscles étaient tendus. Mon regard se porta sur ce que je pris d'abord pour une tâche. En regardant de plus près, je fus horrifiée. Cette tâche brune était en fait un morceau de chair calcinée. Une écriture manuscrite et raturée m'apprit que cet homme était un Ange. Il était resté tellement longtemps parmi les Hommes, qu'il n'avait pu supporter le retour au Ciel. Il était même dit que cet Ange avait éprouvé des sentiments. Il était tombé amoureux d'une humaine juste avant son retour. L'ange se retrouva piéger mais ses sentiments furent plus forts. La Terre connut cette année-là, un record de maladies, de tempêtes et de guerres. Le Tout-Puissant était furieux. Il lui était bien difficile de comprendre comment un Ange pouvait aimer une humaine. Il ne comprenait pas comment un de ses soldats avait pu se rebeller et passer à travers les mailles de sa Toute Puissance. Il organisa donc une chasse pour le salut évident de cet Ange. Il fut traqué s'en relâche pour son bien et surtout pour son Salut.

Dieu ramène toutes ses brebis égarées à Lui. Cette brebis fut faite prisonnière et l'accès à la Terre lui fut impossible. Il devint presque fou de cet enfermement mais de cette folie naquit l'impensable. Il se mit à hurler, à insulter Dieu jusqu'à ce que celui-ci daigne se présenter à lui. Dieu furieux de n'avoir aucune emprise sur cet Ange, ne voulut punir ce traitre. Il s'assura que personne ne pouvait le voir et montra son vrai visage. Il darda ses yeux devenus rouges par la colère et la haine qui l'emportaient. L'Ange ne souhaitait qu'une seule chose et il ne pensa qu'à cela. Ses ailes prirent feu et il tomba des cieux. Ses ailes se consumaient mais son âme était si pure qu'elle protégea son cœur du Mal et lui rendit sa liberté. Des plumes volaient tout autour de lui. Cet Ange devenu un Ange déchu aurait pu enfin connaître le bonheur, mais Dieu n'oublie pas. Il fit en sorte que jamais les amants ne puissent se rencontrer. Ainsi, il vit sa bien-aimée allongée dans une église. Son visage s'illumina et il lui sembla qu'elle pouvait le voir. Mais son visage était si pâle et…

La page était déchirée. J'en avais les larmes aux yeux. Le cœur tapant dans ma poitrine, je Le détestais. La souffrance que j'éprouvais fit naître en moi, une lumière d'espoir. Il me manquait cependant l'essentiel… Je ne voulais pas provoquer directement Dieu et encore moins perdre la mémoire. J'avais pour but de révéler la vérité au monde. Les pages se remirent à tourner puis s'arrêtèrent. Cette fois, je vis l'antipode d'un Ange. Un homme me fixait du regard. Ses yeux étaient animés par une lueur machiavélique et ses lèvres affichaient un horrible rictus. Je n'avais jamais vu ce genre d'homme. Etait-ce possible qu'il existe pareille créature ? J'étais bouleversée et mal à l'aise. La haine et la colère émanaient de ce dessin et transperçaient mon cœur. Ce livre voulait me parler, mais impossible de recoller les morceaux. Je me sentais si seule, abandonnée à mon triste sort. Un soupir s'échappa de ma bouche et tout s'anima. Lorsque mon souffle chaud rencontra les pages gelées du livre, l'image de la créature se transforma et des ailes vinrent se rajouter à cet « homme ». Une phrase apparut en légende. De couleur rouge, c'est comme si elle avait été tracée avec du sang…

« *Prenez et buvez ceci est mon sang.* »

Les pages se tournèrent et je me retrouvais de nouveau devant l'Ange déchu. Le souffle de la vie… C'était donc cela. Pour que le livre s'offre à moi, il fallait que je lui donne ce que j'avais de plus précieux… le souffle divin. Je pris une grande inspiration et soufflais dessus. Des plumes s'envolèrent puis des lettres se dessinèrent devant moi.

« *Prenez et mangez. Ceci est mon corps.* »

J'essayais de comprendre lorsqu'une voix s'éleva et me fit sursauter. Mon temps ici, était fini. L'Archange Gabriel me demandait de partir. Je rangeais donc le livre au hasard d'une étagère et courus rejoindre l'Archange.

Le dédale de couloirs qui me menait directement à Dieu, me semblaient bien plus sinueux qu'à l'habitude, où étaient-ce mes pensées qui partaient dans tous les sens ? Le Tout-Puissant m'attendait sur son petit nuage. A mon approche, Il tendit sa main. Je lui déposais le livre. Il le prit et ne fut pas surpris de la chaleur qui s'en dégageait.

— Qu'as-tu pensé de cette bibliothèque ? me demanda-t-Il

— C'est très grand et cela à l'air ennuyeux. Il y a beaucoup trop de livres.

Dieu approuva ma réponse puisqu'Il me renvoya dans mes quartiers. Mon rôle de potiche fonctionnait à merveille. J'étais passée avec seulement trois petites phrases de potiche à idiote inculque.

Les nuages défilèrent.

Une nouvelle mission me fut attribuée. Mon arrivée sur Terre se fit comme à chaque fois. Pas d'escorte, pas de tunnel lumineux, juste la sensation d'être aspiré puis l'apesanteur. Les Anges pouvaient se déplacer sans être vus. Le plus dur étant de se faire passer pour un Homme. Physiquement, nous étions parfaits, mais les émotions humaines étaient très dures à imiter. Il y avait aussi un point assez important. Je n'étais pas asexuée même si cela n'avait aucune importance là-Haut, ici-bas, nos missions nous étaient attribuées par rapport à notre sexe, lors de notre dernière vie. J'étais donc sûre d'avoir été une femme, lors de ma dernière existence. Mes pouvoirs n'étaient pas surnaturels, car les Hommes aussi en avaient, encore fallait-il qu'ils les développent. La différence pour un œil avisé, était notre aura. Nous dégagions une puissance incroyable et notre énergie était palpable. Parlons de miracle... l'Homme était le spectateur des miracles. Il s'imaginait que Dieu en était la raison, mais Dieu n'était en rien dans une quelconque guérison ! L'Homme avait la foi et c'était cette foi, qui lui donnait sa force intérieure. Si seulement, il ne doutait pas tant de sa condition sur Terre... Il pourrait faire de grandes choses. L'Homme devait garder sa foi en Dieu, ou en toutes autres entités car cela lui apporterait force et courage. S'il en avait besoin maintenant, alors c'était un appui et une puissance incroyable. Mais le jour où il découvrira que tout est en lui alors il n'aura plus besoin de support à sa foi. Le Nom n'aura plus d'importance.

**

Dieu me surveillait sûrement de là-Haut. Sa poupée devait être en forme pour sa mission. Je me retrouvais au milieu d'une forêt. Les arrivées n'étaient jamais simples parce que cela était plus amusant de nous voir nous dépatouiller d'une situation quelque peu bloquée. Mes ailes étaient invisibles aux Hommes comme ma tenue qui se résumait à des haillons. Je marchais pieds nus toute la journée. Le soleil déclinait. Par chance, je rejoignis un chemin et une carriole transportant des barils de vin me prit au passage. Je dus pour cela user de mes charmes en laissant paraître dans mes yeux un peu de cette immensité qu'est le Ciel. Ma requête fut acceptée sur le champ et le paysan m'emmena au village le plus proche. La route me sembla une éternité, mais qu'était-ce l'éternité pour moi. Le Temps existait pour les humains et pour nous cela n'était qu'un outil de travail. Le paysan, un peu saoul, parlait dans sa barbe tout en éructant, à chaque trou. Mon regard se perdit au loin. J'étais quelque peu perdue à notre arrivée. Tout autour de nous, c'était un village médiéval qui se dressait. De là-Haut, je n'étais qu'une spectatrice, mais ici, les lois n'étaient plus les mêmes. Mon être et mon corps entier devaient s'habituer car toutes mes sensations étaient exacerbées et le vent passait à travers mes haillons, mais aussi les frissons qui parcouraient mon cœur et la boue qui collait à mes pieds. Tout cela s'entremêlait. Pour chaque mission, c'était une renaissance à ce monde. Une larme glissa sur ma joue, je n'eus pas le temps de l'essuyer. Nous étions arrivés et la vie grouillait tout autour de moi, je me fis discrète. Par chance, les gens n'avaient que faire d'une souillarde de plus. Ils se préoccupaient davantage de leur ventre qui criait famine. La misère était telle, que je ne voyais plus que des os ambulants. L'odeur de la pourriture et des excréments me secouait le cœur. Je repensais à mon nid douillet là-Haut, mais pourquoi un choix implique toujours un renoncement à certains petits bonheurs. Ah ce confort et cette sécurité qui nous empêchent de vivre pleinement et d'accepter de nous remettre en question.

La porte rouge écarlate, qui se dressait devant moi, me fit subitement sortir de ma rêverie. Un écriteau se balançait au-dessus de ma tête. Dessus, des lettres usées indiquaient « La Corsetière ». C'était là.

Je frappais trois coups.

Une femme entrebâilla la porte juste assez pour qu'un œil et qu'un bout de nez sortent. Elle me scruta de la tête aux pieds et alors que j'ouvrais la bouche pour me présenter celle-ci m'attrapa le bras et me tira à elle. Je fus absorbée à l'intérieur.

— Je sais qui tu es petite, mais ce que je veux savoir c'est comment tu te débrouilles.

Elle s'était brusquement retournée pour me lancer cette phrase. Il avait fallu de peu que je ne lui rentre dedans. Son regard était circonspect puis la femme se détourna de moi en haussant les épaules. Nous continuâmes et ce qui nous entourait, était magnifique. Il y en avait de partout. Cela dessinait comme des touches de peinture. Mon regard ébloui se baladait de-ci de-là alors que des robes se dressaient de partout. Des rubans, des tissus s'éparpillaient puis je voulus toucher une pièce, mais la femme fit volte-face. Ma main s'arrêta, en suspens dans le vide.

Sa voix était grave et autoritaire :

— Décidément, elles rêvent toutes ! Tu ne t'imagines quand même pas que tu vas travailler ici ?

Son rire me refroidit et mon espoir avec. Nous reprîmes notre route à travers ces merveilles. Un sentiment me submergea et il grandit en moi jusqu'à me donner le rouge aux joues. C'était cela que nous appelions: la colère. Et puis de l'appréhension lorsque je traversais une petite cour pour rejoindre un autre bâtiment. Les fenêtres étaient fermées. Devant moi, une maison totalement close. Mais que diable voulait-il que je fasse ? Et cette femme qui m'expliquait que j'étais à présent, dans un établissement très prisé. Que les hommes étaient très bons et généreux, il était par conséquent, de mon devoir d'être gentille, très gentille au bon vouloir de ces hommes. Elle se retourna brusquement. Je faillis de nouveau m'étaler entre ses seins. Je fixais ceux-ci qui, je ne l'avais pas remarqué tout au début, mais débordaient de toutes parts. Elle haussa un sourcil et toujours ce regard. Je m'attendais au pire.

— Es-tu une gentille fille ?

J'ouvris la bouche puis la referma. A quoi bon.

Aucune réponse ne sortit de ma bouche, car aucune réponse ne m'était venue. Elle se mit à rire. Un rire guttural. A cet instant, j'aurai pu faire ressortir ma nature angélique au moins pour me redonner une certaine prestance et éviter par la même occasion que tout mon corps ne tremble comme une feuille, mais j'étais bien trop débordée par ces sentiments humains. Nous nous engouffrâmes dans le bâtiment. Je me sentais prise au piège, impuissante face à Lui. Jamais je n'aurais pu imaginer cela. J'en eus la certitude au détour d'un couloir. Il avait osé, tout en sachant ma nature angélique. Les cris, les gémissements… Ses femmes qui sortaient des pièces à demi nue. Dieu s'ennuyait-Il tellement qu'Il voulait me voir écarter les cuisses. Faire comme ses femmes. Mais pourquoi ? Pourquoi ne pas suivre le plan comme toutes les autres missions ? J'étais choquée, apeurée et vulnérable comme une petite souris. Les griffes d'un chat Tout-Puissant s'étaient resserrées sur mon cou. Je ne pouvais plus respirer…de l'air. Je veux de l'air ! Mais même les fenêtres m'étaient interdites. La femme était partie, remplacée par d'autres femmes plus nues encore. Elles piaillaient autour de moi, me touchaient, me sentaient comme des fauves. Puis elles se mirent à rigoler à propos de moi. Certaines me consolèrent. Je me retrouvais finalement nue. Ma tête tournait. Cela grouillait toujours autour de moi. Et ses éclats de rire. J'étais terrorisée. Elles me poussèrent vers un endroit que je ne voulais pas découvrir. Leurs chevelures continuaient à virevolter autour de moi et les corps se mouvaient sensuellement. Ces femmes excellaient dans un art qui me dépassait. Une bouche me susurra de laisser aller mon corps. Ici, ce n'était que mise en scène. Car ces femmes se laissaient toucher, mais gardaient pour elles le plus beau cadeau d'une vie. Leurs âmes se protégeaient par ces volutes et cette mise en scène détournait les hommes de leur vraie richesse. J'appris cela en quelques secondes et mon âme se fit un magnifique cocon. Aucun homme ne pourra y laisser son empreinte. Mon corps se mit à onduler puis je fis partie intégrante de cette danse. Je devenais sensuelle et irrésistible. Ma force intérieure grandit jusqu'à une porte. La plupart des femmes me laissèrent là. Je tournais la poignée et entrais.

Pas de lit ni d'homme qui m'attendait. Seulement une bassine. Une femme me fit signe d'y rentrer. Avec un bonheur immense, je me jetais dedans. La jeune femme se présenta tout en me frottant le corps. Sa voix était douce. Elle me berçait.

Ce jour-là, je fus transformée. Toutes ses femmes n'étaient pas aussi douces et attentionnées mais elles m'apportaient chacune un petit quelque chose qui enrichissait mon âme et mon expérience sur Terre.

Je n'avais pas besoin d'user d'artifice angélique pour vivre en ce lieu. Le déclic se fit, or si je voulais m'en sortir, je devais compter que sur moi-même. Je n'avais pas besoin de Lui. Tout était là à l'intérieur de mon être. Puis on me laissa devant une nouvelle porte, c'était cette porte. Mon cœur battait à tout rompre. Je tournais la poignée. Un homme fumait. Il était étendu sur le lit. Je refermais derrière moi. A l'aube, je m'éclipsais. Le sourire aux lèvres et mon âme bien à l'abri dans son cocon.

D'autres hommes se succédèrent puis, ils devinrent des habitués. Ma réputation se forma dans cette chambre où les draps de mon lit témoignaient le désir. Dieu, que je n'oubliais pas… ne pouvait pas venir en cet endroit et encore moins avoir accès à mes pensées. Il lui restait à observer de là-Haut, des bribes de la vie terrestre. Dieu aux Cieux et l'Homme sur Terre.

Parfois, nous étions autorisées à sortir, mais seulement en présence de la marâtre. Beaucoup de mes colocataires ne supportaient pas de sortir surtout en plein jour. La Corseterie avait beau être réputée, cela se faisait sous le manteau. Nos attitudes nous trahissaient. Notre regard était plus fougueux et téméraire. Face aux regards du peuple, nous gardions les épaules droites, mais notre royaume ne se sublimait pas en plein jour. Ces gens qui nous regardaient de travers faisaient fi dès que la nuit tombait. Pour ma part, j'adorais sortir. Tout mon être se sentait libre. Ce jour-là, le soleil brillait de mille feux. La marâtre adorait discuter avec moi car je n'étais pas avare de détails sur mes nuits passées. C'est ainsi que je lui décrivais les hommes que j'avais eus et leurs désirs les plus fous. Tout en parlant, je scrutais tout autour de nous. Il fallait faire vite. Ma mission pouvait se terminer d'un jour à l'autre. L'appel serait irrévocable. Je prétextais un oubli dans la dernière échoppe que nous venions de faire et m'enfuis. Je la vis au coin d'une rue. Son ombre s'étalait jusqu'à mes pieds. Cette croix était un signe et les cloches qui résonnaient dans toute la contrée, me suppliaient de rentrer. Franchir ses portes fut facile. Je me couvris entièrement pour me fondre dans la masse et ma curiosité aidant, j'oubliais bien vite la foule. J'admirais cet édifice. Il était tellement beau. Le règlement interdisait formellement de mettre un pied dans un lieu de culte. Mes yeux admiraient les ornements ainsi que les représentations divines. Je pouffais devant un petit ange. Nous serions peut-être plus joyeux en compagnie de petits angelots, mais aux Cieux l'âme était grande et cette représentation était quelque peu limitative. J'approuvais cependant l'imagination grandiose de ces humains. J'en avais fait partie. A présent, je me rendais compte que des deux côtés, nous étions lésés. C'est un prêtre qui me secoua. Il me tenait par le bras et je pouvais voir ses lèvres bouger. J'étais hypnotisée.

— Partez. Votre place n'est pas ici.

— Mais mon Père, ma place est nulle part lui répondis-je

Il hésita puis s'exclama :

— Mon enfant… vous ne pouvez pas rester vous êtes impure.

Quelle ne fut pas ma surprise. Ces paroles n'avaient aucun sens et pourtant ce représentant de Dieu n'avait aucune idée de la nature divine d'un être. Ses yeux étaient-ils si fermés qu'il me jugeait par mon apparence et non par ce que je pouvais dégager ? Il vivait pour Dieu, au milieu de statues d'anges et de Saints. Il avait obligation de m'offrir sa compassion et son amour. Au-delà de mon statut divin, je restais un être à part entière qui demandait assistance.

Son esprit était fermé. Je voyais même des images de bûchers. Cela me terrorisait. J'usais alors de ma lumière divine pour toucher tout son être. Non je ne pouvais pas partir. Dehors, c'était bien plus qu'un prêtre obtus par ses croyances qui m'attendait mais les Cieux déchaînés par un de ses anges qui désobéissait. Cette église m'avait appelé. Je devais savoir. L'emprise de sa main se fit moins forte puis il m'emmena dans un coin et me colla contre la pierre froide, je pus assister à cette assemblée. Les lèvres closes, je n'osais respirer tellement la scène était fragile et éphémère. Devant moi, je donnais un nom au culte de Dieu. Des hommes et des femmes se regroupaient dans cette bâtisse. Tout le monde priait dans son for intérieur et espérait que Dieu les écoute. Ils étaient remplis d'une foi immense, mais aussi de beaucoup d'égoïsme. J'entendais des « moi je », « je veux », « j'ai été bon… » Encore et encore des soucis par-ci des soucis par-là. Le prêtre continuait à gesticuler dans sa robe. Et tout le monde se tournait vers lui. Des mots comme piété, abnégation, prière et foi infinie résonnaient et s'élevaient vers les Cieux. Ainsi, ce que je ne pouvais entendre de là-haut était réservé à Lui. Il se nourrissait de tout. Des prières, des supplications… Il vivait grâce à eux. L'or d'une coupe m'éblouit. L'homme en robe déposa ses lèvres sur le calice puis il bénit et mangea quelque chose. Je ne pouvais voir de là où j'étais. Qu'importe puisque je savais à présent. Ces murs servaient à nourrir Dieu et nul Ange ne devait se trouver ici car les vérités pour les uns, n'en demeuraient pas pour les autres. J'étais bouleversée. Un voile se levait et pourtant mon cœur était triste et horriblement mortifié. La messe se termina et je me retrouvais dehors. Ce prêtre se fermait à toutes mes tentatives pour lui ouvrir le cœur. Je me refugiais dans une grange. Je ne voulais pas me faire voir, mais le destin était contre moi, et deux hommes me trouvèrent. Ils étaient suivis par la marâtre dont les yeux exorbités ne laissaient pas entrevoir un bon présage. Je crus que ma mission se terminerait là mais Dieu en décida autrement. Ma punition fut grande. Par ses lèvres, j'entendais le Tout-Puissant parler. Elle allait me remettre sur le droit chemin. Celui du bordel incluait qu'aucune partie de mon corps « utile » pour tout acte charnel ne soit touchée. Je fus attachée au lit et fouettée. La marâtre prit beaucoup de plaisir. Dieu m'aime. Sa bonté est immense. Je connus la douleur cette nuit, mais une foi nouvelle naquit en moi. J'eus des flashs du livre et ces paroles ne me quittèrent plus :

« Buvez ceci est mon sang. Mangez ceci est mon corps. »

Le lendemain, le miroir me renvoyait l'image d'une femme cassée. Ce n'était que mon corps, mon enveloppe terrestre. Je pouvais aussi voir à la place de mon cœur une lumière intense. Une petite graine avait été plantée là tout au fond de moi et à présent, elle allait grandir grâce à cette lumière. J'avais la Foi et cette foi ne venait pas de Dieu. Ma mission était gravée dans mon corps. Avant de venir sur Terre, l'Archange Gabriel avait écrit en moi et mes directives se dessinaient au fur et à mesure de l'évolution de la mission. Celle-ci s'accéléra à cause de ma fuite. J'appris qu'un homme se présenterait à moi, cela concernait de la poudre à canon. Ma mission, une fois réalisée, prendrait fin et mon retour aux

Cieux serait inévitable. Je n'en sus pas plus, car je décidais de m'enfuir à nouveau. La nuit venait de tomber. J'étais prête. Je me faufilais entre les couloirs, car il fallait faire vite. Mon pouvoir de persuasion marchait heureusement sur certaines personnes. J'entendis cependant la marâtre hurler. Je courus. La jeune femme qui m'avait donné le bain le premier jour me fit signe sur le seuil de sa porte entrebâillée. J'eus le temps de jeter un dernier coup d'œil derrière moi. A ma grande surprise, certaines femmes avaient déserté leur lit pour faire barrage au milieu du couloir. La jeune femme me pressa vers une ouverture minuscule. J'entendis des hurlements derrière nous. Dieu ne pouvait pas me ramener lui-même, mais Il influençait les gens par le biais d'autres Anges. Cependant Dieu m'avait fait surveiller par mes confrères et tels ses chiens de garde, ils étaient prêts à mordre et à ramener la brebis égarée. La jeune femme me sourit puis elle fonça en direction des cris. Elle se mit à hurler. Je m'engouffrais dans l'orifice et me retrouvais dans une ruelle. Je pensais à ces femmes. Jamais je n'aurai réussi sans elles. Ces femmes qui toutes leurs vies ont été l'objet des Hommes, en silence, aujourd'hui hurlaient leur haine et leur corps mutilé et leur ventre si souvent occupé, faisaient barrière. Je dévalais les rues, les larmes inondant mes yeux. Je remerciais chacune de ses femmes puis j'atteignis le parvis. Les portes étaient fermées. La panique m'envahit. Je vis une lueur, elle m'entraîna derrière l'église puis se posa sur une pierre. Je fouillais celle-ci sans grand espoir puis ma main effleura une pièce. C'était une clé. J'entrais dans l'église. La lueur avait disparu. J'étais seule avec le silence. Mon premier réflexe fut de barricader les portes avec tout ce qui me tombait sous la main. La lune éclairait l'autel. Je m'avançais vers lui puis les paroles du prêtre me revenaient. La solution était là, j'en étais persuadée. Et puis l'étincelle se fit. Il me restait une seule chose à faire. Une chose qu'aucun ange n'avait encore faite. Manger et boire !

Cherchant dans les moindres recoins, je les trouvais. Tous les objets que j'avais vus l'autre fois, se dévoilaient devant mes yeux. Je pris une boîte surmontée d'un couvercle conique, la pyxide, contenant des hosties. Il me restait à prendre le liquide que je versais dans le réceptacle. Dans ma main, se tenait le calice. La lune se reflétait dans le liquide. Il était rouge… Rouge sang. Je pris l'hostie et le mis dans ma bouche puis je dressais la coupe et la portais à mes lèvres. Une petite gorgée. Le liquide coula dans mon corps. Je ne ressentis rien.

Deuxième gorgée…

Troisième gorgée…

Tout devient flou. Le noir total.

***

Quelque part sur un nuage.

— Tu n'avais pas le droit de faire cela ! Les règles sont établies depuis la nuit des temps. Ingrate que le ciel te tombe sur la Terre. Tu m'as trahie. Impensable ! Je ne te laisserai pas faire. Tu m'entends…Ce monde est le mien Ce bordel est Mon bordel parce que je l'ai décidé. L'amour, la tristesse, la haine sont à moi. Je suis en toute chose et toute chose est en Moi. Mais toi, tu m'as échappé. Tu te caches et tu joues de ton apparence pour me tromper. De toute façon, j'ai toute l'éternité pour te retrouver. Comment as-tu réussi ? Tu m'appartenais. Et qu'est-ce que tu crois hein ? Même si tu essaies de leur ouvrir les yeux… l'Homme mettra des décennies pour accepter cela ! Ou au pire, tu finiras avant l'heure sur un bûcher. Tu seras traitée de sorcière avant même d'ouvrir la bouche et Dieu évidemment sera là pour te secourir et sauver ton âme.

Cette dernière vision provoqua chez lui un rire immense.

Les nuages se mirent à trembler. Sur la Terre, la foudre s'abattit sur une église. Les hommes prirent cela pour un signe

29

céleste. Et dans la contrée, ce soir-là, les paysans fermèrent tôt leur porte et prièrent.

« Dieu nous punit pour nos pêchés. »

**

Un homme me secouait. Sa voix se faisait insistante. Ma tête était douloureuse. Tout me revenait. Mais que s'était-il passé ensuite ? J'étais perdue et pourtant je demeurais toujours dans ce monde. Je regardais cet homme devant moi. Il portait lui aussi une robe, différente certes. Ma tête tournait. Dans ma bouche persistait un goût très désagréable. Tout mon corps me faisait mal mais aidée de l'homme, j'essayais de me relever. Péniblement, je faisais quelques pas. La nuit me revenait en mémoire et je m'accrochais davantage à sa manche.

— Je vous en supplie ne les laissés pas rentrer, ils veulent ma mort.

Sa main se posa sur la mienne. Elle était réconfortante.

— Détendez-vous mon enfant. Personne ne viendra vous faire du mal…Vous êtes ici dans la maison de Dieu et par là même sous ma protection.

Je dus me résigner et me laisser aller à ses propos qui n'avaient pour moi plus aucun sens. Un dernier coup d'œil tout de même vers la porte de l'église. Étrange, personne ne s'acharnait dessus. Quelques instants après, je me retrouvais dans une petite pièce. Le prêtre m'avait laissée toute seule. Le doute me reprit. Devais-je lui faire confiance ? Sa robe n'était plus aussi rassurante. J'avais aussi peur de sortir hors de cette enceinte. Que se passerait-il ? Mon cœur s'emballa. Pour le calmer et ne pas céder à la panique, j'admirais la pièce. Le mur d'en face puis les murs d'à côté. Le plafond, les différentes reliques, les ornements, les pierres. La porte s'ouvrit enfin. Le prêtre apparut dans l'encadrement suivi par une femme. Impossible de lui donner d'âge. Elle se rabougrit en s'enfonçant dans une chaise, mais son regard fixé sur moi, était vif. Le temps me paraissait long. C'était la première fois que je me souciais du temps. Je comprenais pourquoi les Hommes se battaient contre ses minutes qui s'acharnaient et s'incrustaient dans chaque pore de la peau.

— Mon père, heureusement que je vous connais depuis longtemps sinon je vous dirais que vous êtes fou. Cette petite est très étrange. Ses vêtements sont d'un autre monde et si courts de surcroît. Je n'ose imaginer ce qu'elle fait avec. Et son regard, je ne puis être certaine, mais il me dérange.

La sentence de cette femme venait de tomber, et cela, sans détour. Sa franchise me réchauffait le cœur.

— Je sais ce que vous pensez. Elle serait mieux dans un asile. Et pourtant, j'ai la certitude que sa place n'est pas entre quatre murs. Cette âme n'est pas arrivée ici par hasard.

— Nous avons le devoir de l'aider renchérit le prêtre.

Spectatrice de mon propre destin, je ne disais mot. La femme soupira puis haussa les épaules. Elle se leva brusquement et prit le chemin de la sortie. Le prêtre me fit signe de la suivre. Il me couvrit d'une capeline. J'obéis. Arrivée sur le parvis de l'église, je fus aveuglée par un soleil radieux. Les yeux mi-clos, nous traversâmes un village. Sous mes pieds, je sentais du dur. La Terre avait laissé place à autre chose, du goudron. Mon nez n'était plus agressé par les odeurs pestilentielles, mais le vacarme était incessant. Il régnait ici une telle agitation. J'avais fait un bond dans le temps sans passer par la case « Dieu ». L'homme de Dieu s'arrêta devant la porte d'une demeure. Il discuta avec la femme puis s'approcha de moi.

— Mon enfant, notre route se sera croisée un court instant, mais j'ai le sentiment que notre rencontre aura des répercussions bien au-delà de tout ce que nous pouvons imaginer. Maintenant, au revoir ma petite. Il est temps pour moi d'avancer. Tu es entre de bonnes mains.

Je lui souris, car des mots n'auraient pu exprimer l'état de mon cœur ainsi que ma gratitude. Il ne m'avait pas jugée à mon apparence et je pouvais graver en moi cette attitude. Nous vivions entourés d'apparences, de masques qui évoluaient avec les situations de la vie. Tout le monde jouait un rôle encore fallait-il savoir si celui-ci collait à notre réalité profonde. Nous entrâmes toutes les deux. La porte surmontée d'une croix se referma derrière nous. J'aurai pu m'attarder sur cette porte, élément clé depuis mon séjour sur Terre, mais je fus de nouveau happée par plusieurs femmes. Cette fois, elles n'étaient pas à demies-nues, mais vêtues de robes et leurs bijoux se résumaient à des croix autour du cou. Je pris un bain dans une bassine. Comme une seconde peau, je fus lavée et récurée, laissant derrière moi une trace du Moyen-Age. Mes vêtements brûlèrent non loin. Le feu et l'eau me purifièrent. Je me sentais tout de même comme une pièce rapportée. Cette nuit fit ressortir des peurs et des angoisses typiquement humaines. Les nuits futures restaient pour moi, un supplice. Une femme vint me chercher. Il était tant pour moi de quitter cet endroit. Sans aucune parole, on me remit une bourse et on m'emmena jusqu'à une voiture. Je fus ballottée tous le long du trajet ainsi que la femme rabougrie, qui accomplissait jusqu'au bout sa mission. Mes cernes témoignaient des tas de questions qui me hantaient. Là-Haut ou ici-bas, je me sentais seule. Passer d'une époque à une autre en si peu de temps me bouleversait et à cela, se rajoutait des sentiments humains que je ne connaissais plus. Le paysage qui défilait, devant moi, m'apaisa. La nature, les éléments et les animaux représentaient des repères, mais les Hommes et leurs inventions me dépassaient. A présent, je le savais. J'avais une affinité avec les portes. Celle qui se dressait devant moi, allait oui ou non m'accueillir. Le temps que la supérieure soit alertée par ma venue, j'admirais le bois massif merveilleusement sculpté et la croix, là juste un peu au-dessus de ma tête. La personne qui nous accueillit avait elle aussi le visage sculpté mais de rides. Elle échangea quelques paroles avec mon accompagnatrice. Celle-ci me salua puis me laissa là, seule dans ce couvent.

Cela faisait un mois, que je résidais ici. Les journées se ressemblaient toutes. J'avais quitté un bout de nuage pour la liberté et à présent, j'enviais les oiseaux qui pouvaient passer de l'autre côté du mur. En fait, je m'étais créée selon moi, ma propre prison.

Les sentiments humains m'assaillaient et me paralysaient de peur. Était-il possible de gérer tout ceci ? Ces murs n'étaient pas une forteresse imprenable mais mon esprit lui pouvait l'être. Le temps était à présent, de mon côté. J'eus le déclic, lorsque résignée, je décidais de lâcher tout et accepter mon triste sort. L'impasse dans laquelle je me retrouvais, me réveilla à moi-même. Un jour, alors que j'observais les nonnes, je décidais enfin de ne plus être victime. Une force de nulle part, emporta avec elle mes doutes et mes incertitudes. Elles ne disparurent pas totalement, mais j'avais la force d'avancer. J'aspirais à comprendre et à m'adapter aux événements et à ce monde. Cette force se décupla lorsque je trouvais une bibliothèque. Elle devint mon lieu, mon espace vital. Je parcourus les étagères puis me mis à lire sans cesse. Plus je découvrais la vie de ces humains, plus je désirais en apprendre davantage. L'Homme me fascinait. Il touchait du doigt certaines notions universelles et pour d'autres, son esprit fermé se laissait enfermer par ses croyances et coutumes. Je ne détenais pas LA vérité Universelle, mais ma vérité propre à mon vécu et à mon cœur. Les mots coulaient en moi comme une eau de jouvence. Le cloître s'effondrait grâce à mon imagination et à ses auteurs qui maniaient la plume avec légèreté et vigueur. L'église restait la clef. C'était le seul endroit interdit aux Anges et Dieu n'avait aucune emprise sur ces lieux de dévotion. Le couvent en faisait partie.

La première fois, mon entrée dans l'église s'était faite par instinct. Je pensais aussi avoir transgressé l'essence même de la vie, car j'ai été éduquée et modelée, moi aussi. Le fait de manger et boire le corps et le sang du Christ, m'avait fait changer d'époque. J'avais avancé dans le temps, brouillant un peu plus les pistes et me protégeant davantage. J'avais aussi gardé en mémoire la dernière mission. C'était la preuve que Dieu n'avait plus d'emprise sur moi. Car après chaque mission, notre mémoire était transférée dans les Archives et inévitablement effacée. Ce contrôle permettait de fragmenter chaque évènement ainsi Nous les Anges n'avions plus aucune conscience de nos actes. Comme des pantins, mais des pantins ailés nous bougions les membres agités par des ficelles.

Il fallait aller plus loin. Mon destin me poussait au-delà de toute espérance. Mon âme devait renaître.

Ma cellule qui faisait office de chambre ne disposait que d'une minuscule fenêtre. Les nuits où je n'arrivais pas à dormir, je me faufilais jusqu'à la bibliothèque pour me blottir sur le rebord d'une fenêtre. J'adorais suivre le chemin de la lune, dans sa course effrénée. Je retournais en moi toutes les solutions inimaginables.

Ce soir-là, j'empruntais à nouveau le couloir, puis l'escalier qui m'amenait vers mon petit coin de paradis. A pas feutrés et la lune toujours là telle une amie fidèle, j'avançais.

Malgré la pénombre, je reconnaissais tous les recoins. Les bruits et autres craquements de bois ou grincements de métal mal huilé m'étaient familiers. Hissée au premier étage de la bibliothèque, j'ouvris un livre pris au hasard. Je déposais une petite bougie et me plongeais dedans. C'était une histoire de stigmates, une passion tellement forte d'un croyant qui l'amenait à se rapprocher de Dieu. Moi aussi, j'étais proche du Tout-Puissant et consentante d'une cause qui aujourd'hui, me paraissait être une aberration. Il était si facile d'être aveuglée par tant de belles paroles. Je pensais de là-Haut que la vie humaine n'était que mise en scène où chacun jouait un rôle. Ici ou là-Haut, aucune différence. La mise en scène était identique. Une horde d'Anges, travaillant sans relâche pour soi-disant accomplir l'Ordre Divin. Seulement, quelque chose clochait chez moi. Pourquoi ma conscience s'était-elle ouverte ? Il avait voulu m'éliminer, effacer ma mémoire encore une fois. Il se servait de nous.

Repenser à tout cela, n'attisait pas ma colère bien au contraire, ma personnalité devenait plus forte. Des sentiments germaient tout au fond de mon être. Étais-je encore un Ange ? Étais-je simplement en train de redevenir humaine ? Les Anges et les Hommes n'étaient pas si différents que cela. La mort faisait partie de cette transformation. Existait-il des Hommes s'ouvrant à la pleine conscience ? Se battre pour avoir le choix. Connaître toutes les composantes de la vie pour ensuite faire jouer le libre arbitre.

La bougie s'écoulait tout doucement alors que mon regard était dans le vague. Je sortis de mes pensées et m'attardais sur l'image d'un homme dont les poignets étaient bandés. Un rictus de souffrance lui déformait le visage. Je connaissais la souffrance. Pour nous Ange, lors d'une mission, les coups marquent, mais nous sommes protégés. J'aurai dû m'en apercevoir. J'avais vécu la douleur lors de la dernière mission.

Tout autour de moi, les ombres se mouvaient. Elles dansaient près de la bougie. *L'ombre révélait la lumière. Elles ne pouvaient pas vivre l'une sans l'autre.* Brusquement, mon cœur s'emballa, je levais la tête. Tout en plissant les yeux, je scrutais partout. Je m'arrêtais vers un recoin. Il me semblait avoir vu quelqu'un. La peur m'envahit. Ma respiration s'accéléra. La bougie s'éteignit. Etait-ce moi qui l'avais renversée par inadvertance ? Le noir m'enveloppait. Je dansais à mon tour, avec les ombres.

**

Je vois…

Une femme est agenouillée devant l'autel d'une église. Elle pleure et hurle devant le Christ.

— Tu m'as tout pris. Rends-le-moi.

Ses cris résonnent contre les pierres froides de l'édifice. Elles font écho, mais ne s'élèvent pas aux Cieux. Le silence règne et les sanglots de la jeune femme ne cessent. Les statues restent là immobiles. Impassibles. La jeune femme balbutie des phrases, écorche des mots. Je ne comprends que des bribes.

— Ma raison d'être… Mon amour… Votre faute…

Elle lève les bras. Son visage est déformé. Tout son corps est tendu et parcouru de spasmes.

Je voudrais la rejoindre, la prendre dans mes bras et la serrer fort, mais je ne peux pas bouger. Son visage est en partie caché par ses longs cheveux. Et pourtant, j'ai l'impression qu'elle m'est familière. Cela résonne très fort en moi, quelque part par-là, juste au milieu de ma poitrine.

Spectatrice et impuissante, je suis comme dans un rêve. Une lame fend les airs et se dresse en l'air. Je m'imagine qu'elle menace le Tout-puissant, mais non. La lame se retourne vers son corps.

Je panique.

La jeune femme à l'air déterminé. D'un geste vif, elle s'entaille profondément le poignet. Une seule blessure, car la jeune femme veut voir son sang couler lentement sur cet autel qui n'a que faire de son existence et de son amour. La souffrance n'est rien à côté de son cœur brisé. Sa vie s'est déjà envolée le jour où son bien-aimé est parti. Le sang vermillon coule sur l'autel puis s'infiltre dans la pierre. La jeune femme s'est effondrée. Allongée, elle ne ressent plus rien. Ses yeux commencent à se voiler et pourtant, elle voit la statue de l'Ange. Il lui sourit. Il a l'air vivant. Dieu l'a laissé faire. Il a cru pouvoir se nourrir de sa souffrance, mais au fur et à mesure que son sang se répand, l'église s'imprègne de son amour. Son sang est porteur de la vie éternelle et d'un Amour éternel. Il s'infiltre comme des racines. Tous les lieux de culte sont reliés par conséquent, ce sont tous les lieux sacrés qui s'imprègnent. Les racines s'étendent toujours plus loin. Dieu voyant cela, veut faire machine arrière, mais il est trop tard. Une brèche s'ouvre et grâce à Lui.

La jeune femme respire mal. Sa poitrine se soulève difficilement. La statue de l'Ange se rapproche. Sa vision devient floue. L'ombre commence à l'envahir. Une odeur si familière l'entoure. Il est venu. Dieu n'a pas répondu, mais son bien-aimé, Oui. Elle sait qu'il est là. L'Ange enlace le corps de la jeune femme. Il sent que son cœur ne bat presque plus. Dans un dernier effort, elle soulève les paupières. Elle voit une dernière fois son visage. Ses larmes coulent. Tout autour des deux corps enlacés, volent des plumes. Tels des flocons de neige, les plumes de l'Ange se détachent et s'envolent. Il neige dans l'église. La poitrine de la jeune femme est à présent immobile. Son cœur ne bat plus avec celui de son bien-aimé. Son âme s'élève jusqu'aux Cieux. En bas, l'Ange est agrippé à son corps inerte. Ses ailes sont déchiquetées. Il lève ses yeux vers elle. Leur regard se croise et comme une promesse muette, ils se jurent unis pour l'éternité. Jamais il n'aura de cesse de la retrouver. Jamais.

L'église nettoyée du sang de la jeune femme restera un lieu de culte. Dieu continuera de se nourrir de la souffrance des Hommes et de leurs péchés. Cependant, Il ne pourra plus agir dans ces lieux de cultes, car le sacrifice d'amour protège pour toujours ces édifices.

**

Lorsque je repris connaissance, il était là. L'atmosphère avait changé en une fraction de seconde. Combien de temps m'étais-je évanouie ? Bien que la pénombre absorbait tout. Je le vis se dresser devant moi. Il me fixait du regard. J'en étais persuadée, car des frissons parcouraient tout mon corps. J'essayais dans ma hâte de rallumer la bougie. Celle-ci, me glissa des mains. Je sursautais, prenant peur de l'écho que cela avait provoqué dans toute la pièce. C'est là que j'entendis sa voix.

—Ne vous inquiétez pas. Tout le monde dort à poings fermés et si quelqu'un arrivait, je l'entendrais bien avant qu'ils nous surprennent.

Tout en parlant, il avait franchi les quelques mètres qui nous séparaient. Cet homme était grand et imposant. Il dégageait une force incroyable, ce qui fit me recroqueviller dans l'espoir de me fondre dans les livres.

Il vit ma détresse :

— N'ayez pas peur de moi. Vous avez la capacité de vous souvenir et cela bien au-delà de votre propre mort. Vos limites ne sont pas celles de votre âme. Tout ce qui en découlera sera pour vous une libération.

Bien plus que ces paroles, j'étais absorbée par cette odeur, là, autour de nous. Je la connaissais. Elle embaumait et m'apaisait énormément, mais impossible de mettre des mots dessus. Ses paroles aussi me troublaient, mais elles restaient vides de sens. L'homme me tendit sa main. J'eus un mouvement de recul ce qui arrêta net son geste.

— Je suis désolé, je vais trop vite

Le silence était pesant. Il cherchait ses mots.
J'étais mal à l'aise. Je préférais vite interrompre notre entrevue :

— Je ne sais pas qui vous êtes et ce que vous me voulez, mais vous êtes loin d'imaginer qui je suis. Laissez-moi tranquille pour votre salut et votre âme. Je vais vous apporter que des…
— Des problèmes ?
— Oui, lui répondis-je
Il éclata de rire. Un rire rempli de mélancolie. Puis il renchérit :

— Ce monastère est un très bon refuge, mais il est peut-être temps d'avancer. Il m'a fallu du temps pour maîtriser mes émotions tout seul. Avec mon aide, vous irez plus vite.

Il n'attendit pas ma réponse.

— Notre temps est compté, s'exclama-t-il.

Puis l'homme disparut.

Il n'avait pas si bien dit. Quelques jours après cette rencontre, je fus appelée par la mère supérieure. Alors que la peur m'empêchait d'agir, je fus contrainte par la force des évènements, de faire un choix. Mon refus de prononcer mes vœux et d'intégrer définitivement le couvent eut pour conséquence de me retrouver de nouveau sur les chemins.

***

Des feuilles volèrent dans toute la pièce. Le temps qu'elles touchent le sol et Dieu avait bondi sur l'Ange subalterne.

— J'avais demandé un rapport détaillé et là je n'ai qu'un tas de conneries.

A présent, Il pointait un doigt accusateur à la face de l'Ange.

— Vous Oui Vous… Vous n'êtes qu'un incapable, vous avez perdu sa trace… Incroyable, inadmissible ! Je suis TOUT-Puissant et le monde est à moi alors vous, petite chose insignifiante, trouvez-moi où elle est sinon je vous…Argg

Dieu stoppa net. Envahi par la colère, il en avait oublié sa couverture. Il se radoucit et afficha son plus beau sourire.

— Je vous l'accorde. Je suis parfait tout le monde ne peut pas l'être. Reprenez vos recherches et revenez avec quelque chose !

L'Ange subalterne s'en alla par la petite porte, la tête toujours baissée. Il ne se posa aucune question. Tel un robot, il avait une mission. Il devait exécuter les ordres, ainsi il n'avait pas à penser donc il ne pensait pas.

Dieu absorbé par ses pensées, se remémorait toutes les missions de l'Ange L181107. Son regard se posa sur son bureau. Sous un tas de dossiers, le livre qu'elle lui avait rapporté. Il était certain qu'elle ne l'avait pas ouvert.

S'ils se rencontraient ces deux là ... c'était le monde qui courait à sa perte.

Chapitre II

Sa respiration s'accélérait et son cœur tapait dans sa poitrine. Elle devait y aller maintenant. Il était trois heures du matin et le veilleur de nuit ronflait gentiment sur sa chaise. Haletante, elle traversa le grand couloir. Ses pas légers ne laissaient paraître aucun son et seul le passage de la jeune femme perturbait les rayons de la Lune. La liberté lui donnait des ailes. Finalement, elle se retrouva face à cette grande porte. Sa main tendue, son mouvement fut stoppé. Combien de fois lui en avait- on interdit l'accès ? Elle ne le savait plus. Et pourtant, la jeune femme pouvait apercevoir ce regard glacial et imperturbable de Madame La Directrice, lorsque celle-ci pointait du doigt la porte et d'une voix stridente s'exclamait :

— Jamais vous ne franchirez ces portes, jamais vous ne partirez d'ici, car vous êtes des incapables.

D'un petit rire, la jeune femme l'ouvrit grâce à la clé qu'elle avait volée quelques instants plus tôt. Dehors, elle prit le temps de respirer une grande bouffée d'oxygène. Que la liberté était bonne ! Dans son dos se dressait son passé, là où elle avait toujours vécu : l'orphelinat de Lay. Le sourire aux lèvres, elle se mit à courir. Autour de son cou pendait une amulette. Le seul lien avec sa naissance, ses origines et ses parents. A l'orphelinat, toutes les filles se moquaient d'elle.

Petite fille, ses propos et son comportement dérangeaient. Elle apprit à se taire en grandissant, se réfugiant dans ses rêves pour oublier sa tristesse. Ce temps était révolu, l'aventure commençait maintenant.

Assise sur un talus, la jeune femme grelottait. Elle scrutait la route, se demandant s'il allait venir. Finalement, deux raies de lumière apparurent, brisant l'obscurité. Une vieille voiture s'arrêta. La vitre avant s'abaissa laissant entrevoir un jeune homme. Elle n'eut pas le temps de le saluer qu'il lui ouvrit la porte et d'un ton sec, lui demanda de monter. Une fois à l'intérieur, elle se mit à rire. Peut-être le besoin d'évacuer le stress.

— Je suis folle de te suivre, lui dit sa protégée.

Le jeune homme se tourna vers la jeune femme. Il pouvait sentir l'odeur de ses cheveux, de sa peau et sa respiration qui faisait deviner ses formes. Un frisson le parcourut. Elle était tellement belle, mais le règlement était strict. Il détourna son regard pour se concentrer sur la route et encore quelque peu perturbé par ses pensées, lui dit qu'elle avait fait le bon choix. Puis les kilomètres s'écoulèrent au fur et à mesure que la Lune laissait la place au soleil. Juste avant leur destination, le jeune homme fit une halte pour prendre de l'essence ainsi que des sandwichs. Elle était réveillée à son retour. Il dut se résoudre à être un peu plus loquace, ainsi il acquiesça lorsque la jeune femme lui demanda s'ils étaient arrivés. Il se serait bien passé de la deuxième question. Il avait anticipé, préparé à l'avance la réponse et pourtant en voyant son regard si passionné et si inquiet, il se maudit de devoir encore lui mentir. Et cette interdiction lui revint comme un coup de poing. Alors, il la regarda droit dans les yeux et d'une traite lui répondit :

— Ce n'est pas possible, j'ai des affaires à régler.

Le jeune homme attendit une réaction, mais elle resta indifférente, ce qui le troubla davantage. Il rompit le silence en démarrant la voiture. Ils étaient à deux pas de l'hôtel. La chambre qu'ils avaient réservée, était très modeste avec pour seul mobilier, un lit, une douche, des toilettes et un miroir fissuré. Il aurait aimé lui offrir davantage et pour la rassurer ou se rassurer, lui expliqua que le loyer était payé pour trois mois. Il en profita pour lui remettre un passeport sous le nom d'Esther Claïte, un badge de serveuse et un peu d'argent. Il fit tout ceci en quelques minutes puis finalement, il l'a pris dans ses bras :

— Je serais toujours là pour toi, lui murmura le jeune homme.

Le réveil sonna 7h00. Esther l'éteignit tout de suite. Encore une nuit blanche se dit-elle. Comme chaque matin, la jeune femme se sentait seule, lorsqu'en ouvrant les yeux, elle découvrait ce plafond fissuré et ses vieux murs jaunis. Cela faisait six mois, qu'elle ne l'avait pas revu. Pourtant, la jeune femme ne regrettait rien. Sa liberté n'avait pas de prix. Libre de penser, de choisir son destin et d'être simplement libre. Point. En se préparant, elle repensa à leur première rencontre. Il était arrivé un jour. Le toit de l'orphelinat souffrait de trous de-ci de-là. Son travail accomplit, le jeune homme resta et devint l'homme à tout faire. Auprès des pensionnaires les plus âgées, ce fut l'adoration. Toutes rêvaient d'être dans ses bras. Esther, mise à l'écart par les autres, s'était renfermée sur son monde. Ses livres lui offraient la paix et beaucoup de magie. Elfes, lutins et créatures magiques vivaient en harmonie. Les différences n'existaient pas, car chacun avait un rôle à jouer. Sa place était définie et aidait grandement tout ce petit monde. Un jour, il s'adressa à elle. Esther ne sut pas très bien pourquoi il l'approchait. Il lui demanda quel était le sujet de son livre. Surprise, Esther l'observa avec méfiance. Il devait y avoir une entourloupe mais rien ne se produisit. Les jours défilèrent et le jeune homme s'immisça petit à petit dans son monde. Son bonheur fut de courte durée. Les autres filles furent jalouses de leur complicité. Alors qu'auparavant, elles l'ignoraient, elles se mirent à la harceler. Des petites choses qui prirent bientôt des proportions incroyables. Ces pestes étaient si envieuses et jalouses. Une nuit, Esther se retrouva trempée jusqu'aux os. Elles lui avaient lancé des seaux d'eau glacée, dans son sommeil. Elle les détestait. Comment les Hommes pouvaient-ils être aussi cruels ? Était-ce cela la Vie ? Une rivalité incessante. Un besoin de dominer l'autre, de l'écraser par des paroles acerbes. Avoir toujours plus pour paraître plus quoi plus puissant, plus intelligent, plus plus plus. Elle ne voulait pas plus, elle ne voulait pas dominer, elle voulait simplement une petite place, un cocon douillet où aimer et être aimée. Son lit trempé, Esther alla rejoindre la salle de bain. Ses émotions bouillaient en elle. Pourtant, lorsqu'Esther traversa le couloir, grelottante, une main la saisit. Elle fut entourée d'une serviette éponge. Avec cette serviette, c'était une vague d'amour qui l'entourait. C'était la première fois, qu'on avait de l'attention pour sa petite personne. Un chuchotement au creux de son oreille l'apaisa davantage et lorsqu'elle se retourna, il affichait un grand sourire. Elouan, l'homme à tout faire, lui avait surtout offert un échantillon du bonheur. Elle y avait goûté et à présent, elle ne voulait plus l'abandonner ce petit cadeau de la vie. Il lui avait pansé un peu son cœur. Il passa sa main dans ses cheveux mouillés puis descendit sur sa joue. C'était la première fois qu'une personne la touchait. Encore un petit cadeau de la vie. Ils se parlaient avec les yeux. Toute la nuit, elle resta auprès du jeune homme. Acte formellement interdit par le règlement. Se retrouvant enfin dans ce cocon qu'Esther avait imaginé, elle parla toute la nuit. Délivrant ainsi son cœur des brumes de solitude et de tristesse. Ses paroles coulaient comme un torrent en furie. Ses mots percutaient tout sur leur passage et son cœur se faisait plus léger. Lui, la regardait simplement. Il pouvait lire dans son esprit. Esther voulait crier à ces pestes toute la colère contenue en elle depuis des années. La vie lui faisait peur. Le monde lui semblait atroce. Elle aurait souhaité se fondre dans ses livres, disparaître dans ses mots doux. Son cœur aspirait à l'amour, la joie et le bonheur. Mais ses yeux ne voyaient que violence et jalousie. Ses oreilles n'entendaient que médisance. Cette nuit fut la première d'une longue série. Ils se retrouvèrent à l'abri des regards. Esther se confia. Il lui restait encore quelques années avant d'être majeure et pouvoir partir de ce lieu. Le jeune homme laissa échapper le contraire. Esther était plus vieille que ce qu'elle imaginait. Ce qui suscita beaucoup de questions. Elouan essaya de revenir sur ses propos en expliquant que beaucoup d'orphelins n'avaient pas leur vraie date de naissance, mais elle sentit bien qu'il lui cachait quelque chose. Son cœur se pinça. Les nuits passaient agréablement. La lune, seul témoin de cet amour naissant, se cachait derrière les nuages pour laisser le couple à l'abri. Ils aimaient s'amuser, rire de tout et de rien. Esther découvrait les joies enfantines qu'elle n'avait pas connues. Un soir, alors qu'ils étaient dans le jardin. Elle se cacha. Lorsque le jeune homme la retrouva, elle était étendue sur un lit d'herbes se mouvant au gré du vent. Esther admirait le ciel étoilé, une étoile filante passa. Ces cheveux s'enlaçaient dans la flore et tout son corps vibrait aux battements du cœur de la Terre. Le jeune homme resta là, à l'admirer. Il ne s'était pas trompé c'était bien Elle ! Les signes l'avaient guidé et son cœur avait fait le reste…

La jeune femme sortit de la douche et s'essuya. La buée avait envahi la petite pièce et comme dans un rêve, elle se souvint de sa réponse quand son protecteur lui avait proposé de partir, de vivre une nouvelle vie. Le miroir renvoya l'image d'une jeune femme fatiguée, mais souriante. Ses doigts effleurèrent le contour de son visage. Elle était reconnaissante en la vie cependant, il lui manquait quelque chose. Son regard exprimait un vide immense. Pourquoi n'arrivait-elle pas à s'intégrer vraiment ? Serait-elle toujours une étrangère où qu'elle soit ? Il y avait toujours ce cri de désespoir qui semblait venir de la Terre entière. Son corps était l'instrument de forces qui la dépassait. Frissonnante, Esther s'habilla puis sortit. Remontant son manteau pour faire barrage au vent, elle s'engouffra dans l'avenue déserte. Les petites boutiques commençaient à éclore au soleil levant. Le vendeur de journaux caché derrière ses revues, releva la tête lorsqu'il entendit fredonner la jeune femme. Il la salua en soulevant sa casquette :

— Bien le bonjour mademoiselle !

Il fut gratifié par un large sourire. Il se demandait toujours comment cette demoiselle avait atterri ici. En ces temps, il n'y avait qu'une seule chose qui comptait, celle de survivre, mais elle était si rayonnante et si gentille. Le vendeur retourna à ses tâches. D'un soupir, il éteignit la petite flamme d'affection naissante à la vue de cet être. Il avait lui aussi son lot de problèmes alors hors de question de s'apitoyer sur quelqu'un. Chacun pour soi. Le monde avait bien changé et toutes les valeurs auxquelles l'Homme avait aspiré, s'envolaient peu à peu.

Comme chaque matin, Esther se rendait à la bibliothèque, avant de tracer son chemin vers son travail. La bibliothécaire, habituée par ses allées venues, ne la remarqua même pas. La jeune femme laissa ses pas la guider dans l'allée centrale puis elle tourna à gauche pour s'enfoncer dans la pénombre, là où se trouvaient les plus vieux spécimens. L'odeur de renfermé et la poussière lui piquaient le nez. Pourtant, c'était l'un des endroits qu'elle préférait, car elle se sentait à l'abri entre les rangées de bouquins. Se tournant vers la première étagère qui se présentait à elle, celle-ci toucha du bout des doigts les vieux bouquins et d'un air malicieux, elle se mit à leur parler tout doucement…

« *Non, non, non, je sais qui vous êtes. Ce n'est pas la peine de bougonner et vous serrez les uns contre les autres. Vous voulez garder un secret et vous pensez que je ne peux pas le comprendre ? Et bien... vous avez tort parce qu'il suffit de vous ouvrir et de parcourir une à une les feuilles de votre intimité.* »

La jeune femme tourna la tête de toute part pour vérifier que personne ne l'ait entendu. Elle avait déjà du mal à s'intégrer aux autres alors s'ils la voyaient faire ! Finalement, elle prit un livre au hasard et s'assit sur un fauteuil. Alors que la jeune femme parcourait la chose entre ses mains, elle se mit à repenser à son rêve. C'était à chaque fois le même. Il revenait dans son esprit par petits flashs de plus en plus nets. A la fin, elle arrivait à se souvenir des sensations. Pourquoi cet éternel rêve venait-il la tourmenter chaque nuit ? Elle eut pour seule réponse les soupirs des livres trop âgés. Son âme ne trouverait pas la paix aujourd'hui. D'ailleurs, il était temps. Son patron ne tolérait aucun retard.

Lorsqu'Esther rentra dans le restaurant « La bonne tablée » une odeur de café et de croissant chaud l'accueillit. En effet, comme chaque matin, le personnel se retrouvait dans la cuisine. L'ayant vu arriver, ils lui firent une place au milieu de ce festin et se mêlant aux conversations, la jeune femme oublia bien vite sa nuit passée. La journée fut longue. Le patron était resté sur son dos tout le temps, guettant la moindre erreur. Les clients, comme à chaque fois, étaient austères. Pas un seul sourire, pas un seul remerciement. Elle les entendait toujours en train de se plaindre, de critiquer un tel ou un tel, de ricaner. La jeune femme avait le sentiment de se retrouver dans son orphelinat pourtant ici l'hypocrisie faisait partie du monde des adultes. Encore un sentiment humain qui lui était insupportable.

Ce soir-là, elle rentra dans son appartement. Elle s'écroula sur son lit, secouée par des sanglots. Peu de temps après, son désespoir eut raison d'elle. La jeune femme s'endormit, épuisée.

Il y eut un changement imperceptible pour l'Homme. Ce n'était pas les feuilles de l'arbre sur le trottoir d'en face qui murmuraient au grès du vent et ce n'était pas non plus ce chat qui traquait des souris. Le danger était ailleurs cependant si proche, si palpable. Il se propageait autour des organismes vivants. Le silence se faisait. Toutes vibrations rentraient en résonance et même les astres freinaient leur course.

Seul dans la pénombre, les yeux fermés, Elouan se concentrait justement sur les vibrations émises par le corps de sa protégée. En un mois, elle avait évolué à une vitesse prodigieuse. Reprenant possession de son corps, il ouvrit peu à peu ses yeux, mais ceux-ci n'avaient plus rien d'humain. Ils avaient pris une teinte verte, incandescente. Il décrivit un demi-cercle avec sa main puis il prononça une seule phrase. Celle-ci résonna à tout jamais dans la nuit :

— Viendront les Anges gardiens et la transformation commencera.

Un millième de seconde. Puis le monde reprit sa course folle, le vent s'engouffra à nouveau dans les feuilles de l'arbre d'en face et le chat se fondit dans la nuit. L'Homme coupé de ses racines, dormait paisiblement. Il n'avait rien senti. Il ne sentait plus rien.

Esther se réveilla en sursaut, trempée de sueur. Elle avait encore fait cet horrible cauchemar. Elle n'en pouvait plus, il la hantait de plus en plus fort. La jeune femme n'osait à peine bouger ni respirer. Elle avait peur de fermer les yeux, de se rendormir et revoir ses atrocités. Et ses hurlements qui résonnaient encore en elle. Esther ne supportait plus de voir ses anges voler autour d'elle. Une larme glissa le long de sa joue, laissant une trace verte, iridescente… Sa tête tournait à présent, et elle crut apercevoir un bref instant le visage de son protecteur. Puis, une douleur intense naquit au bas de son ventre. La jeune femme réussit tant bien que mal à se redresser puis à soulever son chemisier. La pénombre l'empêchait de voir. Une voiture passa dans la rue ce qui éclaira brièvement sa chambre. Assez pour voir. Prise de panique, elle retomba sur le lit. Elle ne pouvait en croire ses yeux. Des marques se dessinaient sur son corps, tout autour de son nombril et la douleur empira. Elle la sentait se propager dans son corps comme du venin. Un cri s'échappa. La nuit passait. La jeune femme restait allongée mais ses forces lui manquaient. Ses mains étaient enchevêtrées dans les draps et lorsque la crise reprenait, c'était tout son corps qui se crispait. Ses ongles laissaient dans ses paumes, des marques rouges et sa respiration devenait de plus en plus haletante. Les yeux remplis de larmes, elle ne pensait qu'à lui. Elle l'appela de toutes ses forces.

Elouan était toujours là. Son cœur battait fort et ses pensées n'étaient plus claires. Il s'était préparé à sa souffrance et pourtant. Il n'aurait pas dû. Il n'aurait pas dû non plus s'avancer vers elle et lui prendre la main. Elle crut à une vision.

— Chut… Tout ira bien surtout ne bouge pas.

Et il souleva, à nouveau son chemisier. Ses marques autour du nombril se propageaient comme des racines. Elles pulsaient comme pulsent les veines gorgées de sang. Son appel avait été entendu. Il ne s'était donc pas trompé.

Les phares des voitures éclairaient parfois la chambre, mais ce qui illuminait à présent la pièce n'était pas des voitures. Le jeune homme eut le temps de se plaquer contre un mur. Une odeur de fleurs et d'humus envahit la chambre. Des végétaux apparurent au sol puis elles se mirent à pousser puis s'enchevêtrer au lit et grimper aux murs. Des fleurs s'épanouirent, laissant paraître des couleurs sublimes. L'air changea et une énergie incroyable naquit. Un cocon s'était formé tout autour d'eux. Les Anges gardiens apparurent. La jeune femme n'était plus consciente. Elle murmurait des phrases inaudibles. Elle devait délirer à cause de la douleur. Un Ange gardien effleura son visage puis ils rentrèrent tous par son nombril. La jeune femme dérivait entre les mondes. Elle ne se défendait pas. Son âme ne sentait plus rien. Seul son corps sentait la douleur. D'ailleurs, comment décrire cela ? Le jeune homme assistait impuissant à la scène. Il pouvait voir les Anges gardiens se propager et ouvrir des portes en elle. Il ne pouvait pas empêcher cela. C'était écrit ! Pourtant, le jeune homme s'approcha. Esther se tordait dans tous les sens. Son corps était lacéré par ses ongles. Il se pencha sur elle puis lui prit les poignets. Il voulait assumer son rôle, la guider même dans cette épreuve et surtout lui montrer qu'il ne l'avait pas abandonnée. Elle n'était pas seule. Son protecteur prit la décision d'interagir au détriment de ses instructions. Non vraiment, il ne l'abandonnerait pas une seconde fois. Il commença à lui parler :

— Esther…Écoute-moi. Il savait que son âme n'était plus là dans ce monde, mais la frontière était mince et il espérait que ses paroles la rejoignent et lui réchauffent le corps. Tu dois être forte et te battre. Tu dois le faire, pour toi, pour nous. Tu dois vivre pour découvrir toutes les merveilles de ce monde et des autres. Nous les découvrirons ensemble.

Le jeune homme eut pour réponse un souffle. La poitrine d'Esther s'était soulevée et de ce souffle étaient sortis les Anges gardiens de l'air. Une fois leur mission accomplie, ils se tinrent en cercle autour du corps allongé et se mirent à fredonner. La pièce s'embrasa. Ce feu n'en était pas un. Il ne brûlait pas, mais purifiait l'être. Les Anges du feu s'avancèrent puis posèrent leur main sur le corps de la jeune femme. A travers ses veines, le liquide rouge se propageait, libérant ses mémoires anciennes et tout ce qui pouvait bloquer sa renaissance. Les Gardiens du Feu rejoignirent le cercle. Des chants venus de la nuit des Temps enchantaient toujours la pièce. Le feu s'éteint lorsque les Anges de l'Eau s'avancèrent. Ces êtres translucides se transformèrent. Il plut sur Esther des gouttelettes infimes qui pénétrèrent son corps. Le jeune homme admirait les gouttelettes incandescentes, danser dans le corps de sa protégée. Toutes ses cellules étaient baignées dans l'essence même de la Vie. Il y avait abondance et régénération. Les mots ne pouvaient pas d'écrire la scène. La beauté première d'une renaissance. L'équilibre parfait. L'harmonie qui existe dans chaque être vivant et vibrant. Elouan s'imprégnait aussi. Il ne s'en était pas rendu compte avant, mais les Anges gardiens l'avaient aussi purifié. Le corps de la jeune femme s'arqua une dernière fois. L'âme avait rejoint son enveloppe. La douleur avait disparu. Un Ange gardien prit une forme plus solide et vint poser sa main sur l'épaule du jeune homme. Il transmit son message.

— Nous t'avons laissé choisir Elouan et tu as suivi ton cœur. Depuis le début, il n'y avait aucune instruction, seulement ton libre choix. Elle a besoin plus que tout, de toi. Ses chances de survie ne dépendent plus de nous, à présent.

Ses paroles étaient justes et emplies d'amour. Le jeune homme serra davantage la main d'Esther. Les Anges gardiens se mirent à tourner tout autour de leurs corps et leurs chants devinrent plus forts, plus vibrants. Les sons perçaient de toute part. Les éléments s'enchevêtrèrent formant un Tout. Les végétaux poussaient, s'entrelaçant. La brume enveloppait tout. Une fleur éclot juste à l'emplacement du cœur d'Esther. Son cœur se remit à battre. Le jeune homme l'enlaça. Peut-être la dernière danse. Peut-être un dernier chant pour honorer la vie et la mort. La jeune femme, les yeux clos, pleurait des larmes turquoise. Nous n'étions plus qu'Un. Puis le Néant.

L'aube arriva et avec elle, la vie ordinaire. La chambre ne laissait rien paraître et pourtant elle était encore baignée par une incroyable énergie. Le jeune homme enlaçait toujours Esther lorsqu'elle ouvrit les yeux et il vit que sa transformation était terminée. Elle voulut lui parler, mais les mots avaient du mal à sortir :

— Je t'ai entendu, mais épuisée, Esther se rendormit.

Elouan alla prendre une serviette dans la salle de bain. Il l'humidifia et la rejoignit. Elle était là, étendue, son visage immaculé de larmes. Il essuya délicatement les traces turquoise. Au contact de sa peau contre la sienne, il fut parcouru d'un frisson. Le jeune homme, baigné encore de l'énergie de la nuit, se sentait empli de bonheur et de soulagement.

Esther dormit trois jours consécutifs. A son réveil, elle ne put discerner ce qui l'entourait. Tout était flou. Elle paniqua puis sentit le jeune homme tout prêt d'elle et se calma. Il lui prit la main. Elle essaya de se lever, mais fut prise de nausées. Sa voix s'étouffa dans sa gorge.

— Respire lentement, très doucement. Tu vas retrouver la vue. Il faut juste que tes yeux s'habituent, puis il souleva délicatement la jeune femme et l'emmena jusqu'aux toilettes.

— Pourquoi je… je ne peux plus bouger… Je ne sens plus rien !

— Ton corps s'est transformé. Fais-moi confiance. Je t'expliquerais tout plus tard maintenant tu dois récupérer des forces et…

Il n'eut pas le temps de terminer sa phrase. Esther s'appuya contre la cuvette et vomit tout ce qu'elle avait pu contenir. Tous les deux accroupis, ils restèrent là, blottis l'un contre l'autre. Esther retrouvait peu à peu les sensations de son corps. Elle tremblait moins et les taches floues se transformèrent petit à petit en formes nettes. La première chose que la jeune femme vit après sa transformation, c'était lui. Elle tendit sa main vers son visage. Ses doigts restaient maladroits. Elle ne finit pas son geste et sa main resta figée en l'air. Sa vue devait lui jouer des tours. Ses veines étaient turquoises.

Elouan aurait aimé un autre endroit, mais en la voyant si paniquée, il décida de lui raconter une partie de l'histoire. Le jeune homme l'aida à se relever. Elle était encore faible et ses jambes tremblaient. Il savait cependant, que l'effet était provisoire. Son nouveau corps s'auto-guérissait très vite. Les griffures qu'Esther s'était faites pendant la nuit, disparaissaient peu à peu. Il l'emmena devant le miroir. La jeune femme eut un choc. Elle ne vit d'abord que ses yeux. Billes iridescentes et variant d'une couleur turquoise, verte. Ils brillaient d'une étrange façon. Puis, baissant son regard vers la douleur au niveau de son ventre, son chemisier ouvert laissait apercevoir des veines virant du turquoise au vert. Son protecteur lui écarta le bout de tissu pour dévoiler son nombril. Des marques oh combien familières s'entrelaçaient là. Le jeune homme la fit sursauter lorsqu'il lui dit :

— Tu connais ces marques… Ce sont celles de ton pendentif.

Esther ne put en supporter davantage. Elle laissa exploser sa colère :

— Qui es-tu hein ? Comment peux-tu savoir cela ? Tu m'as espionnée ou pire tu te sers de moi ! Je veux savoir… tu me caches la vérité tu es comme les autres, même pire.

Exténuée la jeune femme réussit à s'asseoir au bord du lit. Elle enfouit son visage dans ses mains et se mit à sangloter. Son petit être se sentait seul, abandonné et trahi. Elouan s'approcha d'elle délicatement. Il ne lui en voulait pas. Ses paroles étaient justes et il se souvenait de « sa première fois ». Il avait réagi comme elle.

— Chut, calme-toi… jamais je ne te ferais de mal… Tes émotions sont confuses. Lâche prise sur le passé. Il te faut du temps pour ton corps et pour ton être. Beaucoup de vérités sont en toi et n'attendent que ton évolution pour s'épanouir, lui répondit-il avec amour mais si tu le souhaites vraiment, tu peux me demander certaines choses.

La jeune femme ne savait pas par où commencer. Finalement, elle lui demanda :

— Ces choses… Ce sont elles qui m'ont fait cela ? Je suis un monstre !

— Crois-tu que la notion de monstre se résume à un individu différent de nos critères humains ? Un humain qui te persécute n'est-il pas un monstre ? Mais tu as raison sur un point. Ces créatures sont des Anges gardiens. Ils ont réveillé en toi ton être véritable.

Son protecteur, pour détendre l'atmosphère, renchérit avec un grand sourire :

— Et je trouve le monstre devant moi très beau…enfin belle.

— J'ai cru mourir. Ils auraient pu me tuer !, lui dit-elle timidement.

— Les Anges gardiens ont senti ta force. Jamais ils ne seraient intervenus si tu n'avais pas été prête. Et puis, les Anges font partie du monde. Ils sont l'équilibre même de la vie et tu verras tu vas découvrir d'autres mondes, d'autres vérités.

La souffrance ressentit pas Esther ne venait pas des Anges, mais de ses souffrances passées. En transformant la jeune femme, ils avaient aussi purifié son corps et son esprit. Elle avait survécu et sa renaissance ne faisait que commencer. Une dernière question, lui brûlait les lèvres.

— Et toi ? Qui es-tu ? Les mensonges, je n'en veux plus. Il est temps que tu te dévoiles

Le jeune homme prit son temps pour lui répondre. Il voulait choisir les bons mots pour s'exprimer. Esther voulut se lever, mais la main du jeune homme prit la sienne et la fit se rasseoir.

— Tu as raison, tu mérites de savoir. Ensuite, toi seul pourras juger

Les lèvres du jeune homme murmurèrent des paroles indescriptibles. Esther resta stupéfaite lorsque devant elle, le visage de son protecteur changea. Ses yeux devinrent iridescents. Son regard était comme l'Univers infini. Ses iris avaient toutes les couleurs de la Vie. La personne en face d'elle dégageait une puissance incroyable. Il se redressa puis leva son tee-shirt. Là autour de son nombril, des marques se dessinaient comme les siennes. Le jeune homme l'interrompit.

— Elles se ressemblent, mais elles sont différentes si tu regardes avec attention.
— Et pourtant, nos yeux et nos veines…
— Nous avons la même source qui nous a donné la vie et nous a offerte sa force pour vivre, cependant chaque personne est différente, son vécu, ses expériences passées, présentes et futures dessineront sur ton corps des traces différentes. La Terre mère a toujours fait partie de toi et tu fais partie d'Elle. Je fais partie d'Elle et par conséquent de toi. Sa sève coule en nous et se répand dans nos corps. Ces marques vert turquoise sont la marque de la Terre Mère. Sois honorée de pouvoir les voir de ton vivant. Les Hommes ne voient rien et s'imaginent que leurs actes n'ont aucune conséquence. Et pourtant, détruis la souche mère et c'est tout qui s'effondre. Tu

comprendras bientôt… L'Union de ton ADN et de l'énergie vitale active des potentialités dans ton être. Les jours qui vont suivre sont déterminants pour le reste de ta Vie. Ton existence va au-delà de cette chambre et surtout de ton corps alors observe tout, les individus, leur enveloppe charnelle mais aussi leurs énergies, les animaux, les végétaux, les bâtiments et leurs vibrations. Tout ce qui se présentera sur ton chemin. Il y aura aussi d'autres Anges, d'autres créatures. Je t'en reparlerai. Il est un peu tôt. Le jeune homme lui sourit. Il reprit, or cette fois, il remonta dans son passé, à ses origines dans cette vie. Son cœur heureux de se dévoiler, n'arrêtait plus la course folle de ses sentiments.

****

Je m'appelle Elouan, mon nom n'existe plus. Je Suis simplement.

En des temps très reculés, ma famille et moi habitions dans les bas-fonds d'une cité. Nous vivions de la terre et de ce que nous offrait le Ciel. Nos coutumes seraient traitées de primitives de nos jours et pourtant, il y avait dans nos gestes, un profond respect et un amour pour toutes choses vivantes et vibrantes. Deux lois subsistaient. Le peuple ne devait en aucun cas se mélanger à la Haute société et la deuxième, que nul être humain ne devait souiller la terre réservée aux esprits et autres créatures du monde invisible. La première loi ne nous touchait pas. Ceux d'en haut avaient tous des dons et leurs gènes ne devaient aucunement se mélanger avec ceux d'en bas, ceux qui n'avaient que leur force physique et leur corps. Nous étions libres mes frères et moi, bien heureux de ne pas être enfermés dans des tours d'ivoire. C'est ainsi qu'une journée comme une autre, nous partîmes en forêt ramasser du bois. C'était aussi notre espace de jeu. Nous n'étions que des enfants et un de mes frères décida de jouer à cache-cache. Alors que j'allais me faire attraper, je pris un sentier, là où les herbes étaient plus hautes puis un autre pour trouver une nouvelle cachette.

La forêt devenait plus épaisse. Je ne vis pas ce qui me fit glisser mais je me retrouvais dans un petit ruisseau. Pris de panique, j'appelais mes frères. Ceux-ci accoururent et stoppèrent net leur course. Sur leurs visages, je pouvais voir l'horreur. Je me retournais et vis se dresser devant moi des pierres immenses gravées. Puis, je regardais mes pieds. Dans le ruisseau, des fleurs étaient éparses. C'étaient les offrandes de mon peuple. Un mur s'était dressé entre mes frères et moi, mais aussi entre le monde des vivants et des morts. Mes frères ne me voyaient plus. Je voulais retraverser, mais cela était impossible. J'étais symboliquement mort. Personne ne pouvait plus me parler ni même me voir. Mon esprit se concentrait sur les moindres détails qui m'entouraient, oubliant ainsi la peur de l'inconnu. Je n'étais qu'un enfant et je voulais vivre. Je pris ce qui me sembla être un sentier. Celui-ci m'emmena encore plus profondément dans la forêt. Ce chemin devait être très ancien. J'étais peut- être le seul être humain à l'avoir emprunté. Sous mes pas, des myriades de petites fleurs jaunes et violettes entourées de trois feuilles en triangle. Si seulement, je pouvais les manger, car mon ventre ne cessait de gargouiller. Le soleil commençait à disparaître. Scrutant une dernière fois, le ciel, je choisis un fossé. Ce n'était certainement pas le meilleur endroit, mais la fatigue avait raison de moi. Recroquevillé, mon esprit de petit garçon s'emballait avec les bruits de la forêt. A l'aube, j'ouvris les yeux, toujours en vie et heureux de l'être. Il n'y avait que mon ventre qui me gâchait ce moment de bonheur. Je repris pourtant ma marche. Je n'avais aucune destination et pourtant, je ne voulais pas rester là. Des souvenirs m'envahirent et je me revis allongé dans mon lit au chaud avec mes frères. Nous écoutions attentivement notre père nous raconter la légende de cette forêt et maman répétant sans cesse de ne pas s'approcher du sanctuaire sans un adulte. Je me mis à sangloter, jamais plus je n'entendrais cette histoire, jamais plus je ne pourrais me blottir dans les bras de ma maman. J'allais oublier son parfum et même sa voix. La faim me tiraillait le ventre. Je crus reconnaître une baie comestible. Je les avalais toutes, mais après ma dernière bouchée, ma tête se mit à tourner. Je voulus reprendre ma route, cependant la nausée m'envahit. Ma vision se brouilla et mes membres se mirent à trembler. Tous mes sens étaient désorientés et lorsque je réussis à faire avancer mes pieds, je pris n'importe quelle direction. La douleur faisait rage. Les arbres dansaient tout autour de moi. Les oiseaux tournaient, virevoltaient. Leurs cris me perçaient de toutes parts. Le vent se mit tout à coup à tourbillonner puis se jeter sur moi par rafales. Ses griffes me lacéraient la peau. Marchant à l'aveuglette, le cœur serré d'effroi, je sentis mon pied se heurter à une pierre ? Une branche ? Ce furent les dernières pensées que j'eus. Ensuite, je dévalais la pente, mon corps ballotté comme une poupée de chiffons.

Le soleil était bas dans le ciel, lorsque j'entrouvris les yeux. Je ne sentais plus mes membres, mais une forte odeur de sang et de vomi vint écorcher mes narines. Je restais là, impuissant, étendu sur le sol visqueux, écoutant s'espacer les battements de mon cœur. La fin était proche. Je ne pleurais pas, je laissais mon corps rejeter cette substance étrangère. Mon sang chaud s'échappait lui aussi de mon corps et peu à peu il retournait à la Terre Mère. Le temps défilait. Mon corps avait déposé les armes or mon esprit continuait à se battre. J'étais lucide mais que faire sinon fermer les yeux et se laisser aller. Le noir m'envahit et au fond une lumière incroyable brillant de mille feux m'appelait. Je me sentais apaisé et serein. Lorsque j'ouvris les yeux la lumière que j'avais prise pour le Paradis, n'était autre que la lune. Cet astre, majestueux dans le ciel, m'entourait de ses rayons. Je poussais des cris ou peut-être des râles tel un animal. Et puis je le vis se dresser devant moi… être imaginaire, encerclé lui aussi par les rayons lumineux de l'astre. Il se rapprochait de moi, de mon visage jusqu'à ce que tout devienne noir. Le baiser de la mort.

Les jours se transformèrent en semaine et les semaines en mois. Je repris très lentement des forces. Je sentais au fond de mon être que l'Ange me protégeait. Cet Ange m'était apparu en rêve ou dans la réalité, je ne pouvais pas le dire. Pourtant, il était là auprès de moi… Comme un flash, cet être se formait et se déformait. Il était incandescent et si beau, or ses traits étaient si différents des humains.

Lorsque je pus enfin garder mes yeux ouverts, je me rendis compte que l'humidité de la forêt avait laissé place à la chaleur d'un feu. Je pouvais entendre les crépitements du bois.

Mes membres ne voulaient toujours pas obéir à ma pensée mais je pus tout de même sentir le contact d'un tissu sur ma peau. Je ressentais un apaisement et une douce béatitude enveloppée dans celui-ci. Mon esprit me jouait des tours mais je ressentais aussi à son contact, comme des petits battements de cœur. Ce ne pouvait être vrai.

La notion de temps n'existait plus. Comme une grande toile, j'étais sens dessus dessous. Le monde m'entourait-il ou étais-je entouré par le monde ? Mes émotions se faisaient plus fortes pour ensuite se calmer. J'alternais ainsi et comme les vagues, je me laissais emporter. Mais une chose incroyable se produisit. Une personne s'approcha de moi et me prit la main. Un geste si banal et pourtant comment pourrais-je décrire ce que j'ai ressenti ? Un grand bonheur …le vide en moi et tout autour de moi … rempli ensuite par un sentiment d'amour pur et intense. Cet amour allait m'imprégner jusque dans mes cellules pour le reste de ma vie. Je voulais la voir alors je fis un effort intense pour plisser les yeux. Ceux-ci étaient douloureux et encore enflés mais je la vis. C'était mon Ange, une créature tout droit sortie des histoires de mon père. Les contours de son corps étaient flous mais je sentais sa main dans la mienne et ses grands yeux baignés de flammes, m'observaient. Il en découlait d'elle une force incroyable et cette créature aurait pu me tuer en un instant. L'instant était passé et je n'avais pas peur. Mon corps devait être en piteux état et ma vie était insignifiante à côté d'Elle.

Je la revis jour après jour et alors que je savourais chaque rencontre, elle prit soin de moi. Lorsque je pus à nouveau sentir mes membres, je m'assis sur mon lit. Les premiers pas furent difficiles. Je n'arrivais pas à me l'expliquer mais en vue de mes séquelles, je n'aurais jamais dû être encore en vie. Je préférais revenir vers mon lit. Celui-ci était tapissé de feuillages et lorsque je posais la main, j'eus un sursaut. La stupeur m'empara. Le feuillage qui recouvrait mon lit, venait de bouger sous mes doigts. Était-ce encore mon esprit qui me jouait des tours ? Je n'eus pas le temps de trouver une explication rationnelle. Elle se matérialisa devant moi. Ce que j'avais pris pour un lit, était en fait un amas de branches, de feuilles vivantes. Ces plantes ne réagissaient pas seulement à un besoin vital d'eau et de lumière mais elles étaient comme dotées d'une intelligence. Mon esprit s'embrouilla… Je tournais tant bien que mal sur moi-même pour avoir un aspect général de la pièce ou peut-être simplement pour me rassurer et apaiser mon corps et mon cœur perturbés. La pièce où j'avais passé toute ma convalescence n'était pas une pièce à proprement parlé mais plutôt un espace semblable à une jungle. Des branches et des feuilles partout s'entremêlaient de toutes les formes et de tous les dégradés de vert et de marron inimaginables. Je ne pouvais pas distinguer les murs et alors que je cherchais la moindre aspérité, une créature m'apparut. Je n'oublierais jamais cet instant car pour la première fois, celle-ci émit un son. Un son plaintif... aigu. Je n'avais encore jamais entendu un son si étrange.

A cet instant, quelque chose se produisit. Quelque chose qui me dépassait. La pièce se mit à changer de forme, de couleur puis l'atmosphère et le feuillage. A ma grande stupeur, mon corps se mit à réagir lui aussi. Puis lorsque quelque chose vint me prendre par la taille et m'emmena auprès de la créature, je préférais obéir et me laisser faire. Un certain temps s'écoula. Personne ne bougeait mais je sentis sur moi, une multitude de regards. On m'observait attentivement. La chose entourée autour de ma taille, lâcha prise et la pièce se mit à bouger. Les murs n'existaient pas et seules les branches formaient un endroit clos. Ces branches qui à présent, me touchaient. J'étais au centre d'un organisme vivant et la créature en face de moi, communiquait avec cette entité. Celle-ci émit un autre son et les plantes lui laissèrent la place.

Elle parcourut les quelques mètres qui nous séparaient et se pencha sur moi. Je pus nettement distinguer ses traits et ce qui me marqua le plus, c'était sa grande taille avec une peau incroyable et des yeux immenses turquoise. Son souffle effleura mon visage et je vis sa poitrine se soulever. Elle était presque comme moi, elle respirait. Le lit qui m'avait soutenu tout ce temps, se métamorphosa. Il vint vers moi puis je sentis qu'on me transperçait le corps. Je baissais les yeux et vis les branches perforer mes membres. Je ne m'étais pas rendu compte à quel point j'étais las... si fatigué. A présent, un liquide se propageait dans mes veines, livrant son poison d'extase et de plénitude. La tête me tournait un peu. Lorsque je vis la créature lever ses bras dans ma direction, je ne fis rien. Je savais au fond de moi qu'il fallait lui faire confiance. Elle glissa ses membres jusqu'à mes oreilles et y pénétra. Je sentis une chaleur intense qui me fit pousser un cri de douleur et tout s'arrêta. La créature fut étonnée de ma réaction et je sus plus tard qu'ils ne connaissaient aucun sentiment de haine, de douleur ni de violence. C'était un organisme pacifiste. Mais le plus important, c'était qu'en quelques secondes, la créature connaissait ma vie, mes pensées, mes craintes. Elle ne put comprendre ma langue et prononcer ne serait-ce qu'un seul mot, cependant les images parlaient d'elles-mêmes. Elle vit ma famille, notre petite maison et notre existence simple. M'observant toujours, la créature me parla par télékinésie.

Je devais mourir. Mon organisme était trop atteint par le poison. Seul le pouvoir de la Nature me gardait en vie pour pouvoir passer devant une sorte de tribunal. Les Anciens étaient, à présent, les seuls maîtres de ma destinée…

Les derniers mots qu'elle prononça, je ne les écoutais plus. Seul restait dans mon esprit le mot « mort ». Il résonnait au rythme de ce cœur qui ne battait plus. J'avais beau être courageux et téméraire, je n'étais qu'un enfant. Je ne reverrai plus jamais ma mère et mon père. L'organisme autour de moi, ressentit ma peine et l'exprima par un changement d'atmosphère. Les branches et feuillages s'assombrirent. Nous ne faisions plus qu'Un mais mon état d'esprit influençait sur eux et ma présence nécrosait leur existence. La créature se retira. Je restais là, seul, le regard perdu. Ma chambre de convalescence avait repris forme.

J'attendis.

Comme pour la première fois, une créature vint me chercher.

J'arrivais tant bien que mal au milieu de l'assemblée. Cette fois, elles étaient visibles. J'étais à bout de souffle. Mon corps, tout entier tremblait et je la vis. Elle était là au centre. Je n'avais jamais rien vu de pareil. Même les histoires de mon père étaient loin de la réalité. J'étais encerclé par une immense foule d'yeux turquoise, braqués sur moi. Tous me regardaient mais personne n'avait l'intention de bouger. Celui qui m'avait trouvé dans la forêt s'avança pour rejoindre le centre puis des branches et des brumes vertes entremêlèrent les deux créatures au centre. Puis ce fut au tour de l'assemblée. Tous ces grands yeux étaient à présent fermés. C'était Elle qui les guidait et leur transmettait les informations. Une voix métallique de mon protecteur résonna. Elle essayait de reproduire mon langage pour que je prenne part et comprenne les tenants et aboutissants. La décision était délicate. J'étais un humain et de surcroît encore un enfant.

Tous les humains transformés, l'étaient en connaissance de cause, au seuil de la mort et du grand passage. Le fait d'être en face de la mort et auprès de la Nature signifiait peut-être, que c'était là, mon destin. De toute façon, j'avais honoré Mère Nature selon l'exemple de mes parents. Nous étions le peuple de la Terre. Je me mis en position fœtus et chantait tout doucement une chanson que ma maman aimait nous chanter mes frères et moi. Mes larmes coulaient non pas, de tristesse ou de peur mais parce que je lâchais prise. J'acceptais tout. C'est alors que la créature m'enlaça tout contre son cœur de créature. Ce n'était pas des battements humains, mais le rythme de la Terre. L'assemblée émit une vibration à l'unisson. Un voile se déposa sur mes yeux…

« *Parfois, j'ouvre les yeux*

J'entends… le rythme de la Terre, des vibrations.

Je baigne dans un liquide.

Je ferme les yeux.

Je les rouvre. Le temps n'existe plus.

Je vois flou.

Mes mains, mon corps tout à l'air plus   grand.

L'air ne rentre pas dans mes poumons.

Toujours ce liquide.

Je m'endors.

Je rouvre les yeux.

Je ne peux plus bouger. Tout est devenu étroit.

La vibration devient de plus en plus forte.

Mon cœur s'accélère. »

Voici ce que je ressentis puis une déchirure se fit et le liquide se déversa emmenant avec lui mon corps. Je me retrouvais sur un tapis de feuilles. Je pris ma première respiration mais l'air me brûla les poumons. Tout mon être tremblait. J'essayais de voir tout autour pour me rassurer, pour me raccrocher à quelque chose. La créature était là, elle l'avait toujours été et ne m'avait jamais abandonnée. Ses vibrations d'amour m'apaisaient depuis le début et encore en cet instant, mon corps ne se débattait plus ni ne tremblait. D'autres créatures s'affairèrent autour de moi. J'étais nettoyé et ausculté mais dans ma tête, je sentais bien que j'étais différent. Ma vision mit du temps à devenir nette c'est ainsi que je découvris mon nouveau corps en tâtonnant et en effleurant des membres plus longs et plus poilus. J'étais à présent un homme mais il me fallait devenir bien plus que cela.

La Terre Mère m'avait prise en son sein. Comme une mère porte son enfant et lui offre le meilleur. Mon corps était assez fort pour la transformation. Dehors c'était des années qui s'étaient écoulées. Le souvenir de ma famille faisait place à une autre vision de la vie car la Terre Mère m'avait offert le mystère de l'existence. La créature, ma protectrice, était en fait un Ange du feu, la gardienne de l'Amour. Elle n'était pas l'unique gardienne car ils étaient nombreux, très nombreux mais nous nous étions énergétiquement choisis. Nous serions donc ensemble dans cette dernière épreuve, étroitement liés à la vie à la mort. L'assemblée nous entourait en silence bien que des vibrations trahissaient parfois le calme. L'Ange me donnait de sa force et nous ne faisions plus qu'un. Je ne savais pas encore que cette épreuve était aussi dangereuse pour l'humain que pour l'Ange gardien. Je ne sentis pas les pointes m'entailler de toutes parts et je ne vis pas non plus mon sang vermillon s'écouler de mon corps. Étendu dans les bras de l'Ange, je restais comme hypnotisé puis elle pencha sa tête et posa ses lèvres sur les miennes. A son contact, je fermais les yeux et sentit le sang couler dans ma gorge. Mon passé disparut au fur et à mesure que le fluide se propageait dans mes organes. Ce liquide devait m'apporter force et vie mais pour l'instant, la souffrance était intenable.

Je ne pouvais plus respirer… Il me fallait de l'air… mais ses bras m'enlaçaient fermement. J'ouvris les yeux puis les refermais. Je mourus dans ses bras pour revivre ensuite. Et lorsque je rouvris les yeux… je la vis réellement pour la première fois. Ses traits étaient tirés, ses larmes vert turquoise se mélangeaient aux miennes. En me donnant de son sang et de son énergie vitale, ma protectrice avait en retour prise toute mon énergie. Je n'étais plus seulement un humain. Quant à l'Ange, elle avait découvert ce qu'étaient les sentiments à travers moi. Elle avait survécu. A nous deux, nous avions refait le monde.

Ce fut ma transformation avec l'Ange et son baiser resta imprégné sur mes lèvres à tout jamais. Chaque homme naît et meurt dans la souffrance… moi, je pleurais des larmes d'émeraude.

Le monde avait changé. Les années s'étaient envolées puis les siècles. Les créatures ne se souciaient pas du temps. Elles vivaient selon un équilibre parfait et le moindre changement pouvait avoir des répercussions sur toutes les espèces, créatures, animaux et humains. L'Homme s'imaginait dominer les autres espèces ainsi, il s'accaparait de la moindre parcelle de Terre et se servait à la fontaine de jouvence, cependant tout acte engendrait des conséquences. La source de la vie avait besoin d'amour.

Un amour inconditionnel.

Ma transformation m'ouvrit à ce monde. J'étais aveugle et me voici un jeune homme aussi nu qu'un petit enfant. Les créatures devinrent ma nouvelle famille et leurs aides me furent vitales. J'appris à me servir de mes nouveaux dons et à développer ceux que j'avais déjà en tant qu'humain. Cependant, mon esprit et mon corps d'homme restaient cloisonnés. Tout était beaucoup plus lent en moi. Cet handicap forgea mon courage et ma force intérieure ainsi je m'entraînais s'en relâche, passant de la télépathie à la diffusion d'énergie. Ce peuple me fascinait. Il venait du fond des âges et ce n'était pas seulement une cohabitation avec la Nature mais un Tout. Ils vibraient ensemble. Toutes leurs cellules baignaient dans l'énergie de la Terre Mère. Ma protectrice mais aussi mon

Ange gardien me fit ressentir tous les éléments. C'était comme-ci je n'avais jamais mangé ni bu. Comment décrire le souffle du vent sur une peau qui capte tous les différents plans. Comment décrire le goût d'une goutte de pluie lorsque toutes les étoiles se sont réunies dedans ?

Tu verras Esther, ce que tu as ressenti cette nuit n'est rien comparé à ce que tu vas bientôt vivre. Laisse-toi faire. Il faut que tu lâches prise car l'Univers t'appelle et avec lui toutes les énergies cosmiques. Le monde dans lequel tu vis, est une grande pièce de théâtre. Tes yeux voient une dimension plate et sans vie. Seul ton cœur à soif de vérité. Ouvre-le et tu vibreras car tu ne seras plus jamais seule. La Nature t'a choisie mais Elle a fait bien plus que cela...

— Que se passe-t-il... Pourquoi t'arrêtes-tu? demanda Esther.

Le jeune homme perdu dans ses souvenirs, tourna son visage vers la jeune femme. Il était inquiet mais n'en laissa rien paraître :

— Il est l'heure de partir... nous sommes attendus.

Celui-ci chercha une réplique pour parer à une éventuelle question mais elle se tint muette. De toute façon, la jeune femme était encore en état de choc. L'histoire qu'il venait de lui raconter, n'avait rien arrangé et pour finir, sa transformation n'était pas terminée. A cet instant, il se souvint de la douleur, le lendemain du « baiser » ainsi que la sensation d'impuissance face à ses créatures. Esther était assez forte pour surmonter cette épreuve mais il fallait être vigilant car l'être humain pouvait facilement tomber dans la folie… surtout en l'absence de repères. Elouan prit sa main pour l'apaiser et lui montrer qu'il ne l'abandonnerait pas.

— Regarde-moi Esther… cette sensation va peu à peu disparaître pour laisser place ensuite à un bonheur immense. Surtout ne résiste pas.

Il fit une pause pour voir sa réaction mais il ne distingua rien. Elle était là devant lui à le regarder. Ses yeux de plus en plus translucides, le dévisageaient et ses mains inertes étaient glacées. Le jeune homme eut un pincement au cœur. Il ne supportait pas de la voir ainsi. Elle avait toujours cru à la destinée, à sa bonne étoile mais ici, toutes ses croyances se croisaient, se mêlaient à ce qu'il lui avait conté et son esprit rationnel ne pouvait accumuler tout ceci en une nuit. Quelques secondes s'étaient écoulées lorsqu'Esther lui serra la main et esquissa un petit sourire. Le jeune homme aurait pu crier de joie tellement, il était heureux, mais il l'a pris dans ses bras. Cœur contre cœur, il lui dit :

— Accroche-toi… Notre route est longue !

La jeune femme, à bout de force, s'apaisa au creux de ses bras. Elle se laissa bercer par les pas de son protecteur et s'abandonnant totalement à lui, Esther ferma les yeux.

Chapitre III

Je sentais les secondes passer. Elles pesaient sur mon cœur et égratignaient mon âme au passage. Aujourd'hui, je me sentais anéantie et abandonnée. Il m'avait dit qu'il reviendrait. Je me forçais pour que mon âme accueille aussi l'Ange que j'avais été. Il n'était pas mort. Sa force et sa vibration cohabitaient avec les états d'âme des humains. Comment calmer ce flot de pensées, incessantes et tonitruantes ? J'avais beau regarder au loin, je n'arrivais pas à me perdre dans le paysage. La vue de la Terre de là-Haut était un spectacle grandiose. Je recherchais cette magnificence ici-bas, en vain. La vie, la mort et la souffrance n'avaient que peu de valeurs à mes yeux, jusqu'à présent. J'accomplissais simplement ma mission. Une mission qui avait un sens. Les pertes humaines s'équilibraient au profit de l'Unité. De toute façon, je n'étais qu'un Ange et l'intendance ne m'était pas destinée alors j'exécutais ce pour quoi j'étais faite. Je servais de moyen pour arriver à une fin et jamais je n'aurai été autorisée à penser au-delà de ma mission. Les conséquences de mes actes n'étaient pas pour moi. Je croyais en cela. Aujourd'hui, mes larmes n'effaceraient jamais mes actes. La honte me prenait à la gorge. Personne ne devrait avoir le pouvoir sur une tierce personne où même pire avoir le pouvoir de lui ôter la vie. Même si cette personne était placée tout là-Haut sur son trône.

Mon regard s'éleva vers le Ciel puis redescendit avec amertume. Les Hommes étaient tellement pressés. Ils avaient peur de leur mort mais couraient vers elle à toute vitesse sans jamais se poser de questions. Et pourtant, il suffisait de s'arrêter une minute pour respirer. Respirer à plein poumon pour s'aérer la tête et oxygéner même la pointe des pieds. Le corps se nourrissait d'air et tous les éléments lui offraient ce dont il avait besoin. La connexion devait être totale. Les pieds sur Terre et la tête dans les étoiles. La boucle était bouclée et le cercle vertueux se terminerait au dernier souffle. Il y avait, j'en étais sûre, des personnes qui s'incarnaient sur cette Terre pour semer de magnifiques graines dans l'âme des gens. Certaines germeront, d'autres non mais qu'importe puisque le plus important n'était pas dans la quantité mais dans la qualité. L'argent, le pouvoir, l'envie et la course contre le Temps et tant d'autres engloutissaient tout. Pour que les graines puissent s'épanouir, il fallait une résonance avec le cœur et celui-ci avait besoin d'Amour.

Il était vrai que j'étais un Ange, je n'avais donc pas de jugement à porter mais j'avais été comme ces humains et il m'avait fallu, moi aussi, survivre dans cette société sans âme. Cette vie artificielle et le tourbillon, qui en découlait, m'aspiraient aussi par le bas. Le fond était glacial et le tunnel interminable. Une seule question devait résonner en chacun : Mais qu'avais-je donc fait de ma vie ? Seulement voilà, il était trop tard. Lorsque nos yeux grands ouverts commençaient à se voiler de blanc et que la poitrine cessait de bouger…

Je me souvins de mon séjour au couvent. La solitude m'accabla davantage. Le soleil déclinait. Je fermais les yeux et m'endormis. Une odeur de soufre me réveilla au beau milieu de la nuit. Ma part angélique enfin le peu qu'il me restait, avait sentie bien avant le danger. J'étais recroquevillée dans mon lit, immobile. Mon cœur battait à tout rompre et le moindre craquement du plancher, laissait présager un danger bien plus grand encore. Mon instinct me dictait de partir et pourtant, je restais là, tétanisée. Le silence de la nuit ne présageait rien de bon et la lune tremblante, affichait une moue dubitative. Les Cieux n'étaient qu'un champ de bataille et les cimes éclairées par les étoiles ne laissaient rien paraître. Il fallait que tout cela change. Un autre craquement arrêta mes pensées. Il se rapprochait alors que la lune disparaissait du champ de vision de la fenêtre. Mes poils se hérissèrent. Une lueur vacillante apparut sous la porte. Deux secondes interminables. Un souffle s'immisça dans la pièce puis plus rien. L'atmosphère avait changé, tout mon corps se détendit et je pris une grande inspiration. Je me réveillais au petit matin. Le soleil dardait ses rayons dans ma petite chambre de bonne. La nuit passée, se rappela à mes bons souvenirs car ma mâchoire était encore crispée. Plus jamais je ne me laisserais avoir car je n'étais plus impuissante. Une vision défila dans mon esprit, celle de ma tête et mon corps trafiqués par Dieu. Mon âme m'appartenait à présent. Personne ne pourrait m'ôter mes souvenirs et toutes mes mémoires. Sûre de moi, je rassemblais mes quelques affaires et sans me retourner, je pris la route. La campagne ne me permettait plus de me cacher alors je choisissais de me fondre dans la masse, la grande ville avec son indifférence et son brouhaha. Tout cela à la fois, pour un être perdu.

**

Il se souvenait de ses mots, ses lèvres, ses cheveux qui coulaient en cascade sur son dos. Il pouvait boire ses paroles. Des siècles plus tard, il gardait tout dans son cœur. Une douleur vive se fit sentir dans sa poitrine. Lui, Ange déchu, avait besoin de fermer les yeux pour s'assoupir un instant et arrêter son mental. L'éternité résonnait bien trop en lui. Dans ces moments-là, il ne lui restait qu'un allié. Son miroir lui reflétait le visage d'un homme mûr mais ses yeux le trahissaient. Il les plongea dans son verre. L'alcool était toujours là pour lui. Sa béquille ne fléchissait pas mais les gorgées successives ne lui faisaient pourtant pas oublier la nuit passée. Cela faisait quelque temps qu'il l'observait. L'Ange déchu n'avait suivi que son instinct et c'est ainsi qu'il l'épiait. Se pouvait-il que ce soit vraiment elle ? Des siècles s'étaient écoulés et avec eux, ses espoirs. Et pourtant, son seul contact ces derniers jours, l'avait transformé. Il espérait à nouveau et même si le doute l'envahissait souvent, l'Ange déchu, en son for intérieur, ne pouvait croire que son sacrifice était vain.

— Il y a toujours une femme là-dessous, rétorqua le barman.

L'homme leva le nez de son verre. Devant lui, le barman affichait un large sourire. Le coin de sa lèvre retomba bien vite.

— Les Hommes sont utiles. De parfaites marionnettes. La vanité, l'orgueil et toute la panoplie sentimentale pourrissent jusqu'à la moelle des individus. Votre espèce oublie l'essence même de la Vie. Toujours plus de pouvoir et d'argent. Et les femmes qui ont en elles, un bouton qui ne demande qu'à éclore tout en douceur, tout en Amour Infini… Elles entrouvrent leurs cuisses par envie ou par obligation et bafouent leurs êtres sacrés.

Ses mots avaient coulé sans retenue, sans finesse et sans nuance mais son désespoir était grand. Il voulait hurler au Tout-Puissant. Mais à quoi bon ? Le barman mit cela sur le compte de l'alcool et souhaita tout de même une bonne soirée alors que l'Ange déchu s'en allait, traînant les pieds. Le dernier verre avait presque fait son boulot. Et pourtant, elle était là. Vibrante en lui. Vibrante dans toutes les cellules de son corps. Il fallait savoir. Son cœur avait besoin d'un écho car la solitude érigeait une barrière infranchissable. L'Ange déchu fréquentait bien trop souvent les bars et cette philosophie de comptoir à deux balles prenait peut-être possession de lui. L'homme reprit ses esprits et dégrisa définitivement lorsque deux créatures s'infiltrèrent dans l'hôtel, où sa protégée résidait. En deux bonds, il arriva dans l'hôtel puis aperçut les êtres noirs. Ils commençaient leur sale boulot. L'Ange déchu pouvait les repérer car il faisait partie d'eux en des temps reculés. Arrivé à leur hauteur, il sauta sur eux et enfonça ses mains au niveau de leur cœur. Il puisa en lui des forces oubliées et se servit de ses souvenirs pour leur transmettre tout l'Amour Infini dont il disposait encore. Les êtres surpris, ne résistèrent pas. Ils disparurent. Ce n'était qu'une fuite en avant. Il faudra trouver autre chose la prochaine fois. L'Ange déchu s'en alla et vagabonda toute la nuit. Grâce à cet événement, il revécut tout. Les barrières érigées, par son mental, venaient de lâcher. L'Amour Infini l'avait sauvé par la même occasion. Le brouillard dans lequel, il avait vécu des siècles, se dissipait. C'était elle. Il l'avait dans la peau. Pourrait-il à nouveau goûter à ses lèvres ? Il aimait et respectait infiniment tout l'être de sa bien-aimée. Il y a longtemps, l'Ange déchu avait recueilli un bouton de fleurs magnifique puis il avait éclos et s'était laissé mourir.

Cette nuit-là, l'homme accueillit ses émotions qui l'envahirent. Plus une goutte d'alcool ne viendrait ternir sa renaissance.

***

Tout le ciel tremblait. Les jours étaient teintés de gris et ce n'était pas le Tout-Puissant qui allait ramener le calme là-Haut. Tous les Anges étaient aux aguets car la voix de Dieu ne cessait de vociférer des ordres. Une rangée d'Anges s'envola pour l'hémisphère Sud puis ce fut une autre qui s'envola cette fois-ci pour l'hémisphère Nord. Toute la Terre serait balayée. La voix Divine résonna et certains en perdirent leurs plumes. L'affolement était général dans les couloirs et les portes claquaient.

— Il me les faut… Il me les faut… Il me les FAUT…

Dieu tournait en rond, sa tête était baissée et les mains dans le dos, il ruminait. Son plus fidèle serviteur était là, devant la porte.

— Mon seigneur, permettez-moi mon audace mais ils sont introuvables pour la simple et bonne raison qu'ils sont protégés. Ils…, le reste de sa phrase resta étouffé. D'un bond, Dieu sauta sur lui puis sa main enlaça sa gorge. Son regard était de braise.

— Toi, tu ouvres encore la bouche et…

Il se tut. Un Ange frappait à la porte.

— Entre, fais vite !

— Nous les avons trouvé monseigneur.

— C'est bien… en voilà une bonne nouvelle.

L'Ange se recroquevilla :

— Mais ils nous ont échappé.

Le Tout-Puissant libéra son serviteur puis il s'approcha de l'Ange. Il posa son doigt sur son front. Celui-ci délivra tous les renseignements dont la Toute Puissance avait besoin. Il repartit vide sans aucune pensée ni intention.

Dieu se retourna vers son fidèle serviteur puis avec un magnifique sourire :

— Tu vois ce que je te réserve si tu me contraries ? Il retourna à ses ruminations.

— Mais tu as raison… Je suis impuissant face à elle ! L'équilibre est ainsi mon cher. Ce putain d'accord me pourrit l'existence. Tu crois que cela me plaît ? Oh mais oui évidemment l'Homme et son libre arbitre ! Vous voudrez bien un peu de ce putain de merde de libre arbitre ?

— Ils ne se laisseront pas faire, osa dire son serviteur.

— Alléluia, moi qui commençais à me faire chier ici. Il est temps d'équilibrer les choses. Un peu d'action histoire de changer la donne. Ne crois-tu pas…?

Dieu tendit la main vers la porte. Celle-ci s'ouvrit, laissant place au Tout-Puissant et son Ange subalterne.

**

Au loin la ville se dressait avec un nuage de pollution tout autour d'elle et à ses pieds, les égouts crachaient leurs détritus. La journée avait été longue et les kilomètres parcourus se faisaient sentir. Je regrettais mon couvent, à mesure que la solitude laissait place à la civilisation. Mon regard s'arrêta sur le béton. Les nuances de gris sont partout et même si le soleil se lève tous les jours, je sentais en moi la tristesse des lieux. Un camionneur me déposa au coin de la rue. Laquelle importe peu. Je ne savais même pas le nom de cette ville. De toute façon, aucun nom ne pourrait effacer la trace humaine. Cette empreinte que même la pluie ne pouvait enlever. Ma descente sur Terre m'avait offerte la liberté mais vivre ici-bas me rendait sensible aux émotions voire même pire, puisque je commençais à les ressentir. Je ne savais pas si c'était provisoire ou non. Mes pas me portaient de ruelles en détours d'immeubles. Je ne voyais que des clochards et des gens perdus. Personne ne me remarquait. Leurs yeux étaient vides. C'était comme-ci leurs âmes étaient enfermées dans un corps dont la fonction était avant tout de survivre. Je rajustais ma veste pour moi aussi me protéger, de la pluie ou sûrement de la tristesse des gens. Le froid me mordait le visage.

Plus loin, une femme faisait le trottoir. Son rouge à lèvres était comme une porte ouverte et au milieu de tout ce gris, il y avait cet appel. Puis mon regard s'étendit à tout son être. Son âme était emprisonnée comme les autres. Tel un oiseau en cage, ses ailes ne pouvaient plus se déployer. Elle aurait pu briller de mille feux. Nos regards se croisèrent alors que je passais à côté d'elle. Puis ils se détournèrent l'un de l'autre. Mes épaules se courbèrent davantage. Je me sentais impuissante et inutile. La grisaille commençait à rentrer dans mon cœur. Il me fallait un refuge.

L'enseigne d'un hôtel délabré clignotait encore. Je rentrais. Un homme m'accueillit et me demanda un paiement d'avance. La chambre 11 m'attendait. La pièce était minuscule mais elle disposait d'une douche. Mes vêtements enlevés, je me glissais dans la cabine. L'eau chaude ruisselait sur ma peau et je bénissais cet instant. Mes larmes coulaient en même temps et se mélangeaient. C'était comme si je les entendais chanter. Un chant d'apaisement. Une réconciliation avec le sacré en moi. Chaque chose en son temps car le monde avait besoin de personnes fortes, en harmonie. J'écoutais les gouttes tinter. Elles dansaient tout autour de moi et au fur et à mesure que la buée envahissait la salle de bain, ma paix intérieure revenait. Mon cœur battait au rythme de l'eau et je vibrais. Je sortis de la douche et toute ruisselante, j'essuyais le miroir. Il me renvoya l'image d'un être de lumière. La buée rendait les contours flous mais elles étaient là, mes ailes. Je ne les avais pas perdues. Elles étaient différentes toutes transparentes comme immatérielles mais encore lumineuses. Mon cœur était un joyau et mes yeux des saphirs. A présent, je le savais. Mon être accueillait à la fois l'Ange et la femme que j'étais autrefois. Toute heureuse et remontée pour affronter l'extérieur, je décidais d'aller manger. Je ne vis pas l'ombre me suivre jusqu'au restaurant du coin.

Peu importait le menu. Mon doigt s'arrêta sur un plat. Le temps que mon assiette arrive, j'observais les gens autour de moi. Ils étaient attablés soit au bar soit à table. Des rires parfois forcés fusaient. Le serveur me déposa mon repas. Je le regardais attentivement puis pris une frite et la déposais dans ma bouche. Je n'aurais pu dire si elle était bonne ou mauvaise. Mon expérience gustative commençait avec cette bouchée. Je sentais sur ma langue, sa vibration. Je pouvais dire l'état dans lequel le cuisinier l'avait préparée. Était-ce normal ?

— Il faut aussi goûter à cette tomate.

Je sursautais. Un homme venait de prendre place devant moi.

— Et puis, si vous pouviez un peu moins briller, ce serait parfait, enchérit-il.

Cette voix… était- ce possible ? Je bredouillais.

— Votre âme brille tellement que vous allez illuminer tout le quartier.

Je déglutis. La peur me clouait sur la banquette. Encore une émotion humaine qui venait sans prévenir.

— N'ayez pas peur. J'aurais aimé vous revoir dans un autre lieu mais il en est ainsi. Faites-moi confiance, me dit l'homme

Je me redressais d'un coup. Il fallait fuir maintenant mais il me prit par le bras. Ce fut une décharge électrique qui nous parcourut. Nous nous rassîmes. Je le scrutais sans dire un mot. Mon corps et mon âme le reconnaissaient mais ma tête était vide.

— Vous allez me faire rougir à me regarder de la sorte, me dit-il.

Je baissais les yeux.

— C'est que vous êtes…

— Différent oui et si semblable à vous.

Il avait raison. Ces yeux étaient comme l'immensité de la mer…ou du ciel. Je pouvais sentir sa vibration.

— Surtout, ne me comparez pas à votre frite, s'exclama-t-il.

Il avait pris un air offusqué qui me fit pouffer de rire.

— Pourquoi me suivez-vous ? lui demandais-je

— D'abord, nous allons déguster ce plat. Ce serait dommage de ne pas en profiter. Goûtez ce morceau de viande et dites-moi la différence. Je m'exécutais. La viande était particulière. Je pouvais la manger mais sa vibration était moindre. Je goûtais ensuite à un morceau de tomate. Son énergie explosa dans ma bouche.

— Vous voyez… Vous pouvez manger et boire ce que vous voulez cependant chaque aliment apporte, selon sa vibration, sa propre énergie.

— Alors il ne faut prendre que les aliments vibratoirement élevés !

— Faire ou ne pas faire. Le bien et le mal. A vous de voir. Vous avez une conscience et un ressenti. L'instinct joue un rôle essentiel. Ecoutez-vous et faites la part des choses. Il prit son temps puis renchérit :

— Je ne suis pas un bon exemple mais les extrêmes ne sont jamais bons.

Je poussais l'assiette. Je n'avais pas besoin de choisir. Je venais de goûter à une expérience humaine. Mon corps n'avait pas besoin de nourriture pour vivre et il fallait bien le dire… à cet instant, ma curiosité était bien plus exacerbée par l'homme en face de moi que par mon assiette. Celui-ci se pencha tout près de moi. Il déposa, dans mon être, une petite étincelle.

— J'ai mis en vous une partie de moi. Vous n'êtes plus seule à présent, me souffla-t-il.

— Par contre, respirez calmement et visualisez un magnifique manteau qui vous abrite et contient en lui toute votre énergie.

J'exécutais s'en broncher. Je lui faisais confiance, aussi incroyable que cela puisse paraître. A dire vrai, il était la seule personne, en ce bas monde, qui pouvait me comprendre un tant soit peu.

— Bien… Très bien ! Maintenant, vous ne ressemblez plus à une guirlande de Noël, s'exclama- t-il un tantinet taquin. Son humour était déstabilisant mais il arrivait à atténuer la grisaille qui nous entourait.

L'homme me raccompagna jusqu'à ma chambre puis il prit congé et s'évapora dans l'aube naissante. Je dormis toute la journée et mon sommeil fut pour la première fois peuplé de rêves. Lorsque j'ouvris les yeux, la phrase *« j'ai mis en vous une partie de moi »* résonnait dans ma tête. Mon cœur me disait le contraire car il n'avait rien mis. Il n'avait que réveillé quelque chose qui était là depuis longtemps, très longtemps. J'étais poussée par le désir de comprendre et surtout me faire ma propre opinion. Tout n'était que façade et mise en scène. Je me préparais donc rapidement puis je mis mon « manteau » avant de sortir et allais arpenter les rues de la ville. Le soleil déclinait, ainsi je pus admirer les dégradés de jaune et d'orange et alors que j'avais découvert la nuit, je pouvais apercevoir le jour. Il y avait toujours cette mélancolie et cette solitude qui n'a rien à voir avec celle du cloître. Je croisais des personnes âgées seules au monde avec leurs regrets et les souvenirs qui s'accumulaient. Les jeunes, je les voyais déconnectés du monde. Ils étaient sponsorisés de la tête aux pieds et identiques les uns aux autres. Ils se rattachaient à des faux-semblants et à un monde virtuel qui les jugeait et les mettait en compétition. Il fallait selon le modèle de la société être de telle façon, rentrer dans un moule...

Quelle horreur de comparer sa vie avec celle des autres, de désirer quelque chose d'inaccessible. Le bonheur du voisin n'est peut-être pas aussi rose. La voiture, la maison et le chien ont peut-être été payés à crédit. Nous sommes sur cette Terre pour vivre nos propres expériences et s'accepter tel que nous sommes avec nos failles et nos qualités. Le monde allait vite, très vite et pourtant la course contre le temps menait toujours au même endroit.

J'étais là, au milieu laissant ainsi les informations me contourner et me traverser. Les ondes étaient partout. Si seulement les individus pouvaient les sentir, ils feraient davantage attention. J'écoutais et j'apprenais. Et puis dans toute cette cohue, j'aperçus cette maman qui donnait le sein à son enfant dans un parc. Elle avait réussi à suspendre le Temps et ils baignaient tous les deux dans un Amour Infini. Il y avait aussi cet homme qui chantait à tue-tête, les yeux rieurs et le cœur débordant de joie. Je lisais en lui son bonheur de rentrer auprès de sa fiancée pour lui annoncer cette incroyable nouvelle. Et cette vieille dame qui nourrissait les pigeons… A ce moment précis, ces soucis étaient loin. Son âme brillait si fort même si ce n'était que des pigeons. Ils étaient là présents au rendez-vous. Quelqu'un était là et attendait sa venue. Si seulement cette lumière pouvait durer. Si seulement, elle pouvait être plus forte, plus puissante pour que chacun soit touché à son tour. Je n'osais imaginer ce que serait le monde. Il n'y avait aucun idéalisme car la vision que nous avions du bonheur, était erronée. Un tas de croyances, de traditions qui écrasaient, étouffaient le cœur. Et dans ce tourbillon d'espoir et de compassion, il me prit la main. L'homme du restaurant était là, pour partager cet instant de toute beauté avec moi. D'âme à âme. Sa voix me murmura :

— Il suffit d'une ouverture de cœur pour changer le monde car tout est possible. Les limites sont faites par l'Homme par conséquent, elles n'existent pas et dire que je mettais perdu, il y a peu et tu es venue.

Nous sommes restés là et je l'ai vu se transformer petit à petit. Le brouillard avait commencé à nous envelopper. L'homme, à côté de moi, brillait comme un joyau. La brume dessina les contours flous de … ses ailes. Elles n'étaient pas comme les miennes, plutôt présentes à l'état énergétique. Comme un halo, ses ailes renaissaient. Je pleurais dans ses bras, de soulagement et d'exaltation. Il me serra fort, me remerciant encore et encore. Je ne savais toujours pas pourquoi mais peu importait. Rien ne pouvait nous séparer. Notre passé, notre présent, notre avenir se liaient. Il me prit le visage. Son regard était rempli d'amour puis son aura changea pour devenir noire. L'atmosphère avait changé et nous étions à présent au cœur d'une église.

— Il faut que tu apprennes la vérité ou du moins que tu sois consciente de tous les enjeux… mon amour.

C'est par ses mots qu'il commença son récit. La suite résonna par vagues successives dans l'édifice :

— Le spectacle de toute l'humanité orchestré par « Monsieur » sur son nuage et dont les spectateurs, qui ne sont autres qu'Humains et Anges à sa garde, applaudissent et en redemandent. Moi j'en ai des nausées. Oui j'ai survécu oui, j'ai vu le meilleur comme le pire. Oui, j'ai souffert. L'Homme est capable de si belles choses et pourtant, il peut les détruire en un instant. J'ai détesté l'Homme au point de ne plus vouloir vivre. J'ai détesté Dieu au point d'être déchu. Mes ailes ne sont plus ce qu'elles étaient. Elles ont été arrachées. Je t'ai cherché partout et l'espoir est parti au fur et à mesure que les années et les siècles ont défilés. Je me suis dit que la honte, la souffrance et la culpabilité auraient raison de moi. J'ai sombré dans l'alcool car je pensais quelle seule pouvait me délivrer de ce monde. En vain, je suis un Ange déchu. Ni là-haut ni ici-bas. Le monde change autour de moi. Le soi-disant progrès or les Hommes se font toujours la guerre. Celle-ci prend des formes et des tournures différentes. Les variables changent mais le résultat reste le même, des vies humaines perdues des deux côtés qui engendrent des profits. Alors oui la vie humaine se monétise à présent. Et moi dans tout cela, je reste là tel un spectateur. Les jours s'enfuient et je me transforme en statue. Mon cœur ne sert plus à rien et se durcit de plus en plus. Je perds aussi mes plumes, beaucoup quand je bois mais de toute façon, elles ne servent plus à rien. Il est loin le temps où je brillais.

Il me prit les mains. Je n'avais pas osé l'interrompre jusqu'à maintenant mais les questions fusaient dans ma tête. Il reprit :

— Ne te trouvant pas, j'ai voulu donner un sens à mon existence enfin si je peux appeler cela une existence. J'ai souhaité, de tout mon être, ouvrir les yeux de ces humains. Le libre arbitre existe toujours mais il est possible de le faire osciller d'un côté ou d'un autre. Tu as dû le remarquer mais vivre avec les humains nous influencent beaucoup. Nous devenons de plus en plus perméables. L'alcool et la tristesse ont eu raison de moi. Je suis désolé…Je…

Il ne pouvait plus parler car l'émotion le submergeait. J'essayais d'atténuer sa peine en mettant en lumière le fait que rien n'avait été orchestré dans un but malveillant.

Son regard se fixa à nouveau sur moi. Je fus prise d'un frisson. Tout mon corps palpitait et le sien tremblait. Il répondit à mes interrogations sans que je lui demande.

— Ce sont des réminiscences… Ton corps se souvient par conséquent, laisse-toi faire et surtout fais-moi confiance.

Des pas résonnèrent dans l'église. Une dame venait de déposer une bougie puis tout en faisant le signe de la croix, elle s'assit et se mit à prier. Mon compagnon attendit qu'elle quitte l'église. Il avait lâché mes mains et c'est moi qui les lui pris. Pourquoi ce geste ? Sur le moment, aucune idée et pourtant, au fond de moi, cela était naturel comme si je l'avais déjà fait.

— C'est toi qui m'as toujours rassuré. Tu disais que nous étions protégés et que la Terre Mère ne nous abandonnerait jamais. Oh ma bien-aimée…

L'Ange déchu se prit la tête entre les mains et sanglota. Je le pris dans mes bras et mon cœur contre son cœur, une vague émotionnelle me transperça de part en part. Le brouillard m'absorba et je vis… Je vis deux corps enlacés.

La lumière vacillante des bougies projetait sur leurs corps nus des volutes. Il y avait dans cette scène une telle osmose que j'en étais fascinée. Leur aura brillait de mille feux. L'homme se détacha un court instant pour venir embrasser le corps de la femme. Cet homme n'était autre que l'homme qui était dans mes bras ! Il rayonnait et chaque geste qu'il exécutait, était fait avec un amour si profond. Ses deux êtres n'attendaient rien en retour. Comblés l'un et l'autre, ils vibraient si fort que je pouvais palper leur amour. L'énergie dégagée prenait forme dans la matière. Je me cambrais en même temps que la femme. Ces gestes étaient les miens et lorsqu'elle pencha la tête, atteignant l'extase, j'aperçus son visage. Tout devint flou. Lorsque je revins à moi, nous étions par terre. Les dalles étaient gelées. Je me mis à mon tour à sangloter car mon cœur avait mal si mal. Mon instinct me criait de fuir car la suite de l'histoire était incrustée dans chaque parcelle de mon être mais je voulais en savoir plus. L'Ange déchu me prit délicatement le visage. Son regard rempli d'amour, il déposa ses lèvres sur les miennes. Je ne protestais pas. Ce baiser dura une éternité. Il effaça le temps perdu, loin l'un de l'autre. Mes lèvres avaient besoin de ses lèvres et tout mon corps se fondait en lui car ils s'étaient unis à jamais.

Chapitre IV

J'entends cet enfant qui pleure et toute cette fumée… Elle me brûle les yeux et la gorge. J'ai envie de crier toute cette peur qui me paralyse mais aucun son ne sort. Le néant.

Ma vision se trouble… la fumée envahit tout. Je me mets à tousser mais ce que je vois à présent me glace d'effroi. Devant moi, se dresse un tableau macabre. Des milliers de personnes courent dans tous les sens, affolées ou bien elles gisent par terre, agonisantes. Les maisons sont détruites, seules quelques façades résistent. La ville qui se dressait auparavant, n'existe plus. Je suis là au centre de cet enfer. Des visages déformés par la douleur défilent devant moi alors que je suis impuissante.

Je dois garder les yeux ouverts pour voir ce massacre. Une pensée me traverse l'esprit. Où est l'enfant ? Je ne l'entends plus. Il ne pleure plus car il n'est plus de ce monde. Il est étendu au sol, poupée de porcelaine endormie éternellement. Ses yeux, déjà vitreux, restent ouverts au monde, pour rester témoin de ces atrocités, pour ne pas oublier et être le gardien des lieux. Je sens des larmes couler le long de mes joues et mon cœur taper dans ma poitrine. Je souffre comme eux. Ces hommes hurlent mais rien ne sort de leur bouche et ces femmes pleurent tout en cherchant leurs proches dans les décombres mais rien ne sort de leur bouche.

Je vois le sang qui macule la Terre et les Hommes ivres du sang des innocents se battent jusqu'à la mort. Pour quelles raisons ? Le savent-ils eux-mêmes ? Le fluide de la vie s'échappe du corps pour revenir à la Terre Mère et la vengeance des âmes ronge le cœur des guerriers. La brume se lève et avec elle ma vision des soldats. La scène se transforme. A la place des soldats, j'entends un bruit, un son ? Je me rapproche et pour cela je dois marcher sur des corps mutilés. Ma robe blanche est tachée par le sang ainsi que mes mains. Mes sens reviennent… L'odeur me frappe le visage mais ce bruit m'attire alors je continue d'avancer. Quelqu'un pleure ? Je me retourne et je vois l'enfant. Il est à présent debout et me fixe du regard tout en pleurant. Il est vivant… Oui… Il essaie de me parler cependant je ne comprends pas. D'autres Hommes se lèvent à leur tour. Ils me fixent tous du regard puis tendent leurs mains vers une forme juste à côté de moi. Il est là… mon protecteur. Je veux me réfugier dans ces bras mais tout devient flou… Non pas maintenant ! La dernière vision est celle de ces yeux iridescents.

*

— Esther …Esther réveille-toi ! Voilà, calme-toi tu viens de faire un cauchemar.

La jeune femme ouvrit les yeux. Sur elle était penché le jeune homme. Il la tenait dans les bras mais son visage était fermé. Lorsqu'il fut sûr et certain qu'elle avait retrouvé ses esprits, il la lâcha pour regagner son siège automobile. Il la fixait toujours du regard, dans son rétroviseur. Elouan resta un instant perdu dans ses pensées car le jeune homme ne trouvait pas les mots exacts pour lui expliquer ce qu'elle vivait à présent.

— La métamorphose que tu as subie, t'ouvre des mondes inconnus. Il ne faut surtout pas les combattre car ils font, aujourd'hui, partie intégrante de ton être.

Il renchérit.

— Ces mondes existent depuis toujours. L'Homme doit élargir sa conscience pour en cerner les contours et leurs accès ne sont pas tous offerts aux individus. Et dire que les humains pensent encore être seuls dans l'Univers. Le jeune homme eut un bref sourire qui illumina la voiture et l'ambiance si pesante.

Esther voulut lui expliquer ce qu'elle avait vu mais lorsqu'elle ouvrit la bouche, il l'interrompit :

— Ne parle pas pour l'instant… tu es encore trop faible. Nous roulons depuis deux heures et comme tu peux le constater, il fait déjà nuit. Cela va nous éviter de nous exposer au regard des humains.

Elouan démarra le contact puis ils filèrent vers la périphérie de la ville. Il jeta un petit coup d'œil en direction de la jeune femme. Heureusement, elle n'avait pas protesté. Il n'aurait pas pu lui dire que ces rêves n'en étaient pas et que ces mondes pouvaient lui révéler le futur. Ces visions lui étaient destinées à elle et à elle seule, peu importait la fin de l'histoire car il avait sa propre mission et il en connaissait les enjeux. Il jeta encore un énième coup d'œil mais la jeune femme se détendait enfin. Pour penser à autre chose, il lui lança :

— Je connais une auberge où les patrons sont au courant de notre existence. Tu verras ils sont un peu rustiques mais tout à fait charmants.

Esther lui répondit par un petit sourire. Elle tourna la tête vers la fenêtre de la voiture et son regard se perdit de nouveau dans les étoiles. L'attitude de son protecteur ne l'interpella pas. La jeune femme repensait à son cauchemar et des frissons lui parcoururent le corps. La guerre était inutile car elle emportait tout sur son passage et la vie… cette étincelle divine devrait être sacrée. Comment oublier qui nous sommes ? Et notre cœur dans tout cela ? Est-il si dur qu'il ne nous susurre plus à l'oreille si nos actes sont perfides ou non ? Notre intuition est morte, ensevelie par des tas d'informations, de fausses peurs et d'angoisses. La beauté humaine et la perfection de chaque être disparaissent dans le néant d'un quotidien véreux. Nos cellules sont faites pour l'harmonie. Toute vie sur Terre est faite pour l'harmonie. Que se passe-t-il en nous pour oser détruire tout cela ? N'avons-nous plus peur des Dieux. N'avons-nous plus honte de nos actes face à une Nature fragile devant la technologie humaine. Nous sommes sans limites et tels des enfants sans limites, nous avons perdu nos valeurs et nos devoirs. Des lois ont été créées par l'Homme pour asseoir leur pouvoir sur des peuples entiers alors que les lois Universelles sont bafouées voire oubliées.

Aujourd'hui, l'Homme dominant fait bien plus peur par ses actes fous et sans conscience que l'animal le plus sauvage. Nous ne sommes pas des animaux, les animaux sont au-delà de nous. Notre espèce fait honte à la Vie. Elle nous offre tellement… Pourquoi nous bafouer et s'auto-détruire alors que nous avons tout en nous ? Heureusement, des individus ont osé s'élever et dire NON au fondement d'une société archaïque mais ces individus ont besoin de force et de soutien. Il faut que le peuple se lève avec eux. Oui chaque individu peut apporter son énergie vitale et son Amour. Même si cela reste une goutte d'eau, il est essentiel de se respecter et de respecter la Vie. La mer est faite de gouttes d'eau alors qu'attendons-nous pour qu'une marée s'abatte ? Que nos cœurs s'ouvrent enfin car le maillon manquant c'est Nous, Hommes incarnés ici-bas.

Son rêve avait soulevé et ouvert des portes inconnues. Toutes ses interrogations naissaient en elle comme si des graines attendaient patiemment le jour venu pour grandir. Il avait l'air si vrai et pourtant, un sentiment étrange l'avait envahi… comme si ce n'était pas elle dans le rêve mais plutôt quelqu'un qui avait pris possession de son esprit. Cette chose ne voulait sûrement pas l'effrayer puisqu'elle lui avait montré tout ceci sans lui ôter sa volonté. La jeune femme se sentit absurde. Toutes ces histoires lui montaient à la tête et rien de plus. Elle regarda à l'avant de la voiture pour se rassurer. Dans le rétroviseur, les traits du visage d'Elouan étaient tirés. Il avait un air las qu'elle ne lui connaissait pas. Le jeune homme était très inquiet pour l'avenir. Leurs regards se croisèrent. La jeune femme était aussi épuisée ainsi son teint restait blafard et des cernes se creusaient de plus en plus mais ses yeux qu'il avait tant regardés, brillaient toujours. Il lui rendit son sourire. Le trajet se déroula en silence et lorsqu'ils arrivèrent, le jeune homme porta Esther jusqu'à l'étage. La nuit était bien entamée mais un lit douillet l'accueillit et alors que ces paupières se fermaient toutes seules, la jeune femme s'assura que son protecteur n'était pas loin. Elle le vit réapparaître par l'encadrement de la porte, un plateau rempli de victuailles à la main. Il le déposa sur son lit, tout en lui disant :

— Nous resterons ici deux, trois jours, le temps de reprendre des forces et ensuite, nous verrons. Maintenant, mangeons. J'ai faim !

Une odeur appétissante avait empli la chambre et malgré la fatigue, Esther ne se fit pas prier. Elle attrapa une énorme cuisse de poulet puis une poignée de légumes. Son protecteur ne put se retenir de rire aux éclats car elle engloutissait tout, ses joues gonflées comme des ballons. La jeune femme ne comprit pas tout de suite l'hilarité de son compagnon mais elle s'arrêta net et finissant de déglutir, elle finit par céder. Elle ressentit un intense besoin de bonheur alors qu'un gloussement timide lui échappa puis un fou rire incroyable qui déferla de tout son être. Ils étaient pliés en deux mais à cet instant, ils libérèrent un poids bien trop lourd à porter pour leurs épaules. Ils finirent le repas dans la joie et la bonne humeur et allèrent se coucher le ventre plein. Elouan souhaita une bonne nuit à sa protégée mais celle-ci avait déjà rejoint le pays des songes. Lorsque la jeune femme se réveilla le lendemain matin, elle était seule dans la chambre. Elle s'habilla et descendit l'escalier en toute hâte. Il n'y avait personne dans l'entrée. Personne dans la salle à manger. Personne nulle part. Elle commença à paniquer lorsqu'une petite femme sortie de nulle part s'exclama :

— J'espère que vous avez bien dormi ma p'tite dame mais faut pas rester là toute seule et puis qu'est c'que sait que ces guenilles que vous portez ?

Esther se retourna et regarda avec étonnement la personne qui l'avait interpellée. Elle ne l'avait pas laissé dire une seule phrase.

— Moi c'est Abigaëlle et chui la femme de Claude, le patron, ajouta la petite dame. Et lorsque celle-ci lui tendit la main, la jeune femme la prit avec hésitation. Elle ne faisait confiance à personne et encore moins aux humains. A dire vrai, personne ne lui avait offert une amitié sincère et authentique. Elle ne connaissait pas cela. Abigaëlle emmena Esther d'un pas décidé jusqu'au premier étage. Faute d'une autre option, elle se laissa faire. Elle découvrirait par la suite que cette petite dame atypique, était d'un tempérament très actif dont la joie de vivre et la gentillesse étaient sans limites. Elles se retrouvèrent donc toutes les deux dans la chambre de la patronne et celle-ci farfouilla dans son armoire à la recherche d'un vêtement. Un cri de joie retentit à travers la pièce. Abigaëlle brandissait, dans les airs, une petite robe.

— A ma p'tite, c'était le bon temps. J'avais encore une taille de guêpe qui faisait tomber tous les hommes, s'exclama la petite dame.

Esther prit la robe puis la plaqua contre elle, celle-ci était magnifique. Les yeux écarquillés de bonheur, la jeune femme ne put y croire. C'était la première fois qu'Esther recevait un cadeau. Tout émue, elle remercia chaleureusement Abigaëlle. La p'tite dame eut un sourire radieux puis elle se dirigea vers la porte :

— Je serais encore plus heureuse si tu la portais. Bon, il est temps pour moi de rejoindre mes fourneaux. Je vais te préparer un bon p'tit déjeuner. C'est qu'il faut quand même la remplir un peu cette robe !

Son regard se porta sur ses seins et ses hanches.

Esther comprit l'allusion et rougit. Quand elle releva les yeux, Abigaëlle s'était éclipsée.

Affairée dans la cuisine, la petite dame n'entendit pas les pas légers de la jeune femme. Celle-ci s'avança, se racla la gorge puis dit timidement :

— Je pense que la robe me va à merveille.

Abigaëlle leva les yeux de ses casseroles et ce qu'elle vit, lui réjouit le cœur. Elle fit signe de s'approcher et de s'asseoir à table.

— Tu as raison, tu es très belle cependant tu devrais te mettre plus en valeur et éviter les couleurs sombres... Bon alors qu'est-ce que tu attends ? Viens par là et fais donc honneur à ma table. Allez n'aies pas peur ! Regarde un peu tout cela. N'est-ce pas appétissant ? Il était certain que la bonne odeur qui flottait dans cette pièce présageait des plaisirs gustatifs. La jeune femme s'assit et son regard ne se détachait pas du festin qui se dressait à portée de main.

— Alors qu'est-ce que tu veux ? Un petit peu de lait... une bonne tartine ou alors une part de ce gâteau? Tu dois mourir de faim !

La jeune femme se décida pour une tartine de confiture et un chocolat chaud. Alors qu'elle venait de croquer dans sa tartine et de prendre une gorgée de chocolat, elle fit une grimace. Le goût qu'elle aimait tant auparavant, avait à présent un goût affreux dans sa bouche. Confuse, elle recracha tout dans la poubelle et goûta un autre mets. La même chose se reproduisit et alors qu'Esther se décidait à renoncer à son petit déjeuner, la p'tite dame insista pour qu'elle teste tous les produits de sa cuisine. Esther voyant Abigaëlle s'amuser à lui proposer des aliments pour le moins étranges, elle se prit au jeu. Comment d'écrire ce qu'elle vivait ? Une explosion de sens, son corps qui lui disait clairement non ou plutôt qu'il lui indiquait le chemin vers une alimentation bonne pour elle et elle seule. L'extase l'envahit lorsqu'elle croqua dans un fruit puis la jeune femme but un jus incroyable et alors que la petite dame lui amena une omelette, elle amena délicatement la fourchette dans sa bouche. A sa grande surprise, elle l'accepta avec un respect infini. Il en fut de même pour la viande et dans son for intérieur, Esther remercia l'animal qui lui offrait sa vie et sa force.

Les deux femmes discutèrent, tout en mangeant et elle apprit qu'Elouan avait aussi une façon très particulière de manger. La petite dame n'était donc pas surprise. Esther regardait cette dame discuter. Dans son for intérieur, elle se rendit compte qu'Abigaëlle était la seule humaine à avoir de la sympathie à son propos. Elle se sentait mieux à présent et découvrait des sentiments cachés au fond de son cœur. Un flot de bonheur l'envahit et une larme perla sur sa joue. La patronne tendit la main pour essuyer la trace turquoise qui s'était dessinée puis elle entama une conversation plus intime, plus profonde :

— La première fois que je vis ces larmes, c'était sur un jeune homme… Il se cachait dans la grange. Il était apeuré, complètement perdu et des larmes turquoise maculaient ses joues. Je m'suis approchée tout doucement et lorsque j'ai voulu poser ma main sur son épaule … il a sauté sur ses pieds et il s'est mis à hurler. Je ne souhaitais pas lui faire peur et le silence resta la meilleure façon de le calmer. Ainsi, nous restâmes là un bon moment. Il me scrutait non pas avec fureur mais avec une méfiance tout à fait légitime. Puis il se calma peu à peu et sa respiration devint moins saccadée. Les traits de son visage se détendirent et je le vis s'écrouler au sol... J'appelais mon mari que tu rencontreras bientôt si Monsieur veut bien se donner la peine de sortir de son trou ! Enfin... Nous l'emmenâmes jusqu'à un lit à l'étage puis il resta là à dormir pendant plus d'une semaine. Des cauchemars le hantaient et rendaient son sommeil plus qu'agité. Je ne sais pas pourquoi ma p'tite mais j'éprouvais pour ce jeune homme sorti de nulle part, une affection particulière. Il avait l'air tellement fragile. Et puis, nous avions été témoins d'une chose inimaginable. Nous l'avions vu se transformer sous nos yeux... Nous n'avons rien dit à personne. Vous êtes la première à qui j'en parle.

Abigaëlle scruta le visage d'Esther. Rien ne transparaissait sur son visage.

— Mais vous, vous êtes comme lui ! Vous pleurez des larmes turquoise, rétorqua la petite dame.

— Dites-moi, comment était-il à son réveil ?

— Oh et bien... je me souviens de ses grands yeux turquoise. Il était à présent calmé comme s'il avait repris le contrôle de son corps. D'ailleurs, son corps laissait apparaître des veines turquoise et vertes par endroits.

Esther lui coupa la parole :

— Et autour de son nombril ?

La patronne réfléchit un instant puis elle s'exclama :

— Mais oui une sorte de spirale ou quelque chose qui ressemble à cela. A dire vrai, je ne me suis pas trop attardée sur les détails.

Elle reprit son récit, laissant la jeune femme perdue dans ses pensées :

— Il a aussi voulu goûter à tous mes plats et il nous a beaucoup questionnés sur notre façon de vivre… Tu aurais dû le voir, nous aurions dit un enfant qui découvrait pour la première fois le monde et les merveilles de la vie. Et puis, les jours ont défilé. Il apprenait à une vitesse fabuleuse. Comme je te l'ai dit au départ, il n'était pas comme nous. Sa façon d'agir, de penser et puis son physique. Il ne dormait pas beaucoup, passant ses nuits à lire. Un soir alors que nous mangions tranquillement, le jeune homme se mit à nous décrire des souvenirs. Il nous parla de son peuple, de sa façon de vivre et je me souviens qu'il insistait beaucoup sur sa relation avec les éléments. La Terre Mère revenait sans cesse. Je regardais tour à tour mon mari et ce jeune homme sortit de nulle part. Nous aurions pu le dénoncer mais… mon cœur de maman ne pouvait pas le faire.

La petite dame s'arrêta pour reprendre sa respiration. Elle était submergée par des émotions enfouies. Elle avait perdu un fils et son cœur gardait une séquelle quelque part par là.

— C'est Claude qui voyant la tristesse m'envahir, changea de sujet et partit sur une de ses blagues dont lui seul a le secret. Et nous avons eu un fou rire mémorable, qui m'enleva toute tristesse. Ces fous rires devinrent plus fréquents et ils résonnèrent longtemps après, dans notre petite auberge… Tu sais à aucun moment, je n'ai eu peur de lui, même lorsqu'il se mit à parler de sa transformation et de son alliance avec ces choses ! C'est vrai que j'ai eu du mal à imaginer tout cela mais il avait l'air tellement sincère. Avec Claude, nous en avons souvent reparlé puis tout naturellement, notre peur de l'inconnu et de l'invraisemblance s'est fait oublier. Aujourd'hui, je peux dire qu'avec sa franchise, il nous a offert une part de lui-même. Quelque temps après, il partait retrouver une femme qui avait besoin de lui. Les mois sont passés jusqu'à ce que vous reveniez.

Esther pouvait sentir dans les yeux de cette femme, tout l'amour qu'elle portait à Elouan. Cette petite dame n'avait pu supporter la mort de son seul enfant, il y a de cela dix ans. Leur rencontre avait ouvert le cœur de celle-ci et avait déposé une petite graine fertile. La perte d'un être cher vous assèche le cœur et vous rend tout vide à l'intérieur. Il faut pour cela qu'une personne ou un événement vous offre une part d'elle-même et de son Amour pour que vous repreniez vie. Comme un souffle précieux, il vient ranimer votre être. Le vide est comblé et les fissures se referment alors seulement reste les belles images, les beaux souvenirs. L'être parti est toujours vivant et vibrant en nous et alors que la profonde tristesse nous avait emparée, voilà que cette perte, cette souffrance se transmute et nous élève bien plus haut. La Vie devient sacrée. La jeune femme posa délicatement sa main sur celle d'Abigaëlle. Elles sentirent toutes les deux, le fluide qui passa entre leurs mains jointes. Esther apeurée, enleva précipitamment sa main. Une grande angoisse se lisait sur son visage. Les mains repliées sur sa poitrine, elle ferma les yeux, un instant. La tête lui tournait. Elle les rouvrit lentement puis laissa son cœur se déverser de sa bouche :

—Oui je suis comme lui. Plus les jours passent et plus j'ai peur. Je ressens des choses tout autour de moi et je fais des rêves atroces. Des visions horribles m'assaillent et je ne peux rien faire… On ne m'a rien demandé… Non rien ! Depuis que je suis née, les autres me rejettent.

Sa voix était tremblante.

— Je ne contrôle plus rien. Et lorsque je me regarde dans la glace, je vois une étrangère. Mes yeux sont… turquoise ?!

Esther se tenait debout. Elle regardait à la fois son corps et la petite dame. Elle criait presque à présent.

— Et mes veines… Regardez ! On dirait que mon sang est lui aussi turquoise. Il vire aussi au vert !

La patronne ne savait plus comment réagir. Elle hocha la tête en signe de compassion et voulut prendre la jeune femme dans les bras, pour la rassurer et la contenir seulement, il était trop tard. Elle vit un couteau se dresser et ne put éviter le drame. Un silence pesant s'abattit dans la pièce. Esther se tenait à présent sur sa chaise. Le couteau dans une main, elle regardait le sang turquoise couler de l'entaille. Puis, elle vit sa peau se reconstruire sous ses yeux. En quelques instants, l'entaille avait disparu. La jeune femme leva les yeux vers la petite dame. Elle aussi avait vu. Bouche bée, Esther sut qu'elle s'était trompée. Elle était différente de son protecteur.

« Je suis un… monstre. »

Un vertige l'a pris. Elle se leva et sortit prestement. Elle n'arrivait plus à se concentrer. Tous ces sens affleuraient. Abigaëlle tendit la main vers la jeune femme. En vain. La tristesse pouvait se lire sur son visage. A ses pieds gisait le couteau maculé de sang.

Esther courait droit devant elle, se bouchant les oreilles. Pourtant, rien n'y fit. Elle se retrouvait transpercée par ses émotions mais aussi par la douleur de la Terre, le désespoir des humains et chaque élément, infime soit-il, pleurait, criait et rigolait à la fois. Les couleurs changeaient de nuances et les objets, de formes. Tout tournait autour de son corps. Esther poussa un cri en trébuchant puis elle se releva péniblement. Son corps était trempé de sueur, de la terre restait collée et ses genoux étaient écorchés. Le contact semblait horrible. La jeune femme se débattait à présent, pour enlever ses milliers de piqûres. Tout son corps allait exploser. Et toutes les larmes qui s'échappaient ne suffisaient plus à la calmer. Suivant son instinct, elle ferma les yeux et appela le jeune homme.

Elouan, entendant le cri de sa protégée, avait rejoint la petite dame, dans la cuisine. Celle-ci lui racontait brièvement les faits. Il sentit l'appel de la jeune femme. Il fut surpris par son intensité. Le jeune homme se tourna vers Claude et son regard était lourd d'inquiétude. Claude lui fit signe de la tête :

— Dépêche-toi mon garçon, elle a besoin de toi !

Le jeune homme scruta l'homme qui se tenait devant lui. Ils l'avaient hébergé et soigné sans jamais poser de questions. Ils ne demandaient rien en retour et pourtant, leur vie n'avait pas été simple. Toutes ces épreuves avaient marqué de fins sillons sur leurs visages mais ils respiraient la bonté et la générosité. Claude lui prit la main et les mots qui sortirent de sa bouche, résonnèrent à jamais dans son cœur.

— Mon garçon... Nous t'aimons comme notre propre fils mais aujourd'hui, il est temps de partir. Saches que tu nous as offert bien plus en retour. Maintenant... Pars, car ton chemin n'est pas de rester ici mais d'accomplir ce pour quoi tu es venu faire sur cette Terre. Ils s'enlacèrent et des souvenirs remontèrent à la surface pour l'un, ce fut l'image souriante d'un jeune homme et pour l'autre, celle d'une enfance passée dans un autre lieu à une autre époque. Chaque séparation avait laissé une trace.

— Je vous estime beaucoup, vous faites partie à présent de ma chair et de mon sang. Je vous aime.

L'homme se détacha pour laisser partir cet être si différent des autres. Ils ne savaient pas si leur chemin allait se croiser à nouveau. Le jeune homme se mit à courir et il ne se retourna pas. Pendant toutes ces années, les créatures l'avaient préparé moralement et physiquement, à faire face à son avenir.

Il laissait effleurer les émotions pour les mettre en lumière puis les laisser s'envoler. Elouan devait être en parfaite harmonie dans son esprit et son corps pour être le plus pur possible face à Esther. Considérer ses émotions revenait à libérer ses peurs et permettre à l'esprit de s'ouvrir. Il pourrait ainsi se présenter à elle

Le soleil commençait à décliner. Le jeune protecteur courait depuis des kilomètres, s'arrêtant de temps en temps pour se connecter avec Esther et ne pas perdre sa trace. Un métabolisme humain n'aurait pas pu supporter une cadence aussi infernale. La jeune femme quant à elle, évoluait à une vitesse prodigieuse. Elouan connaissait cette sensation car il l'avait déjà vécu. Cependant, il n'avait jamais perçu la force se développer ainsi. Tout le corps de la jeune femme était en proie à un immense séisme. Ce qui allait suivre, aurait des répercussions sur l'Univers et bien au-delà. Les créatures l'avaient créé si nous pouvons dire cela, avec l'aide des Hommes et de la Nature. L'équilibre devait donc se faire. Il ralentit sa course sentant à peine le froid lui mordre le corps. Le jeune homme comprit la raison de sa course effrénée, en voyant la forêt se dresser plus loin. Esther devait sûrement trouver son propre chemin et sa propre destinée au-delà de son aide. La Déesse guide tout le monde encore faut-il en faire la demande en occultant l'ego.

— L'endroit est parfait... J'espère seulement qu'elle voudra bien m'écouter.

Comme pour lui répondre, une bourrasque le poussa à l'orée de la forêt puis le vent fit voler les feuilles des arbres et écarter leurs branches. Elouan ferma les yeux et dans une courte prière, il s'exclama :

— Si tout se passe bien, elle sera prête mais il va me falloir encore un peu de votre aide, puis il s'engouffra dans le passage.

Dans la forêt, tout était calme... Le monde extérieur n'avait pas de prise ici. Le règne animal et végétal prenait toute sa puissance et sa légitimité. C'est avec humilité que le jeune protecteur déchaussa ses chaussures et enleva son tee-shirt. Il tendit ses bras devant lui, les paumes en avant. Les yeux fermés, sa respiration se fit plus profonde. Tous ses sens en alerte, son corps rentrait peu à peu en osmose avec les éléments. Avançant pas à pas, l'odeur d'humus l'enveloppait délicatement. L'envol d'oiseaux le fit ouvrir les yeux. Ses yeux revenus à l'état naturel et d'un chatoiement de turquoise et vert pouvaient distinguer toutes les nuances et toutes les variables de ce lieu. Tout était vibration et le vocabulaire limité de l'Homme ne pourrait décrire pareil spectacle.

L'énergie le guida au plus profond de la forêt. Comme le cœur primaire et unique qui résonne en Tout, ses propres battements étaient plus intenses en ce lieu. Il aperçut une ruine qui tenait encore debout, témoignage du passage de l'Homme il y a très longtemps. Ce devait être un ancien relais, recouvert de lianes et de feuillages. L'étable accolée avait meilleure mine. Il s'approcha de la porte. L'herbe était d'un vert intense et elle ondulait, jouant ainsi avec des fleurs qui s'épanouissaient de toutes parts. Sa main contre la porte, il sentit une énergie incroyable la faire vibrer. Elle était là.

Il eut un moment d'hésitation. Quelle force impensable dégagerait-elle encore ? Pourrait-il vraiment la guider ? Il n'était peut-être pas la bonne personne. Comme à l'orée de la forêt, il entendit un murmure puis le jeune homme sentit un souffle et le vent le poussa à l'intérieur. La pénombre contrastait avec la lumière extérieure. Il fronça les sourcils. Sur ses gardes, ne sachant toujours pas à qui s'attendre ou à quoi s'attendre, Elouan avança prudemment. Il ressentit étrangement de la peur. De la peur pour elle, pour eux, pour le monde et pourtant, leur survie dépendait de ce moment clé. Ses lèvres bougèrent à peine :

— Je sais que tu es là … Montre-toi !

Ses propos quelque peu autoritaires n'eurent aucun effet. Aucune réponse. Un silence de mort. Pourtant, il put entendre sa respiration saccadée. Quelques râles ou grognements sortirent de la pénombre. Puis les minutes passèrent sans qu'aucun des deux ne bouge. Ils s'observaient telles des bêtes prêtes à bondir. C'est elle qui rompit le silence en s'avançant mais elle s'arrêta à la périphérie d'un rayon de soleil, que le toit laissait passer.

Esther avait perdu une partie de ses vêtements et son corps maculé de terre, était éraflé à de multiples endroits. Sa peau était iridescente et ses yeux, d'un vert profond, fixaient l'homme en face d'elle. Ils se tournèrent autour, à l'affût d'un geste, d'un mouvement trahissant l'autre. Il n'y avait plus de chasseur ni de chassé. La jeune femme contracta ses muscles et bondit sur lui comme une bête sauvage... Il esquiva. Elle alla s'écraser contre un mur qui résista tant bien que mal. Elle était affaiblie heureusement pour lui.

La poussière qui se dégagea du mur n'eut pas le temps de tomber au sol, que déjà elle se redressait et fonçait de nouveau sur Elouan. Cette fois la jeune femme ne manqua pas sa cible et ils traversèrent la vieille porte en bois. Le jeune homme, malgré lui, la frappa au visage et la projeta un peu plus loin. Ce n'était plus sa protégée mais une créature sauvage. Celle-ci se releva et cracha du sang qui lui maculait la bouche et le combat reprit. Ils se battirent sans relâche. L'un par instinct l'autre par amour. Mais la créature faiblissait de plus en plus et sa métamorphose n'était pas encore terminée. C'était le moment, il fallait le faire sinon ce serait trop tard. Le jeune homme était vraiment perturbé. Il se rendait compte qu'il n'avait jamais imaginé une telle situation. Esther n'était pas comme lui, elle était bien plus. Il devait réussir sinon ils étaient perdus. Le jeune homme attaqua le premier. Celui-ci plaqua son adversaire au sol et plongea son regard dans le sien. Elouan la serra fort contre lui et avec tout son amour, lui transmit de beaux souvenirs. Il lui parla de son enfance à l'orphelinat pour la reconnecter à son moi intérieur et à son être puis de sa nouvelle vie qui l'attendait et de son destin. Il lui montra que la vie avait un sens, où chaque élément était à sa place. Il ne fallait pas que la jeune femme oublie ses émotions humaines certes rendant l'être humain vulnérable et cependant si beau dans sa complexité. Ses sentiments devaient vivre en elle comme l'amour, un des plus important et qui rend la vie si belle. Peu à peu, alors que ses paroles s'immisçaient en elle, il la vit se transformer. Ses muscles se détendirent. Elle perdit son regard sauvage, ses traits du visage tirés reprirent leur aspect normal.

A présent, il avait dans ses bras une jeune femme, son Esther. Elle était inerte mais en vie. Le jeune homme la serra davantage et pleura au creux de son épaule. Il avait failli la perdre. Tout autour d'eux, c'était regroupée une foule de bêtes, allant d'insectes en oiseaux de toutes les formes et de toutes les couleurs. Les arbres, arbustes et plantes faisaient le silence. La forêt entière avait retenu son souffle. Tel était le libre arbitre.

Il ramena la jeune femme jusqu'à l'étable. Le soleil déclinait et la nuit n'allait pas tarder à tout engloutir. Il fit un feu pour la nuit sans quitter des yeux la jeune femme puis il partit chercher de l'eau. Le corps de sa protégée ne ressemblait plus à rien. Son protecteur déchira les derniers morceaux de vêtements qui restaient et avec de la mousse fraîchement ramassée, il enleva la terre et le sang séché. Les multiples entailles furent nettoyées puis séchées. Sa transformation terminée, elles se refermeraient bientôt car son organisme la régénérerait.

Elouan put enfin se détendre. Il était las mais au vu de son corps, le jeune homme se traîna jusqu'à la rivière toute proche et se baigna. L'eau lui fit le plus grand bien. Ses blessures importantes n'étaient pas profondes. Le jeune protecteur retourna auprès d'Esther. Alors qu'il veillait sur elle, son regard s'attarda sur les creux et formes de son corps jusqu'à son nombril. Son regard se détourna. Il était gêné et pourtant, il ne put résister. S'approchant davantage, le jeune homme effleura de son doigt sa peau puis il fit le tour de son nombril, là où se dessinait son symbole. Celui-ci était beaucoup plus grand que le sien. Il était enfin terminé. Son cœur battait plus fort sous sa cage thoracique. L'odeur du sang n'avait pas quitté l'étable et le contact de sa peau fit surgir des émotions enfouies. Il se détourna une nouvelle fois puis son regard se posa sur le feu, forçant ainsi son esprit à ne plus vagabonder. Sa mission consistait à la protéger.

Elle n'était pas comme la Déesse…Elle était Tout à la fois.

*

Esther rêve…

Une voix apaisante l'appelle :

— Esther approche… Viens !

La jeune femme avance au milieu de la forêt. Elle est vêtue de blanc et ses pieds sont nus. Elle effleure délicatement les brins d'herbe et les végétaux s'écartent sur son passage. Avançant toujours au son de cette voix, Esther arrive au bord d'une rivière. Elle entend tout autour, des murmures. La jeune femme se baisse pour voir son reflet dans l'eau or son visage est déformé par des ondulations. Celles-ci deviennent de plus en plus fortes et son reflet disparaît. A la place se dessine une autre forme. Esther recule de stupeur. Elle veut s'enfuir mais les plantes la retiennent. Ils l'agrippent et s'enlacent autour de son corps. La rivière s'agite de plus en plus. La forme qui s'était dessinée dans l'eau, se matérialise. C'est une créature qui prend vie et marche vers Esther. Celle-ci reconnaît la voix. Elle l'a si souvent entendue dans son enfance.

— Je suis ici dans ton rêve car je fais partie de toi. Nous sommes tous liés les uns aux autres. Notre sang qui coule dans tes veines, est le même que celui de ton protecteur à un détail près. Nous accueillons tout être humain qui en fait le souhait, après sa mort. Dans votre cas, vous n'étiez que des enfants et le choix s'est fait par la force des événements. Par conséquent, le libre arbitre n'a pas été appliqué. J'en suis navrée car les Gardiens de la Terre Mère doivent avoir le choix de leur destinée. Petit être, tu es venue à nous et maintenant, tu as grandi. L'expérience que tu as vécue, je te l'ai imposée pour que tu puisses effleurer ne serait-ce qu'un peu la notion du libre arbitre. Ton âme a accepté d'être une Gardienne et bien plus encore. Je suis la Terre Mère et au-delà de toute vie, les humains se détruisent. La haine, la violence et le pouvoir détruisent tout sur leur passage et engloutissent avec eux, les cœurs des Hommes. Mon cri de douleur a été entendu. L'équilibre est parfait mais si fragile. Il faut préserver la Vie mon enfant car je suis la Mère, la source et dans mon sein, jaillit le Tout. Un silence se fit. Les oreilles ne pouvaient rien entendre mais les cœurs vibraient et tout autour n'était que vibration. Puis la Déesse reprit avec un magnifique sourire. Ton protecteur a été choisi depuis longtemps pour t'accompagner sur Terre. Il a dans son être, une part de toi et vice versa. Vous êtes en osmose parfaite et jamais tu ne seras seule ma petite. D'ailleurs, tu ne l'as jamais été…Les signes sont nombreux pour celui qui lâche prise. L'avenir t'offrira ce que tu mérites mais il pourra aussi t'apporter des jours sombres. Esther, dans mon langage, tu es celle qui est unique car tu es la trinité. L'essence qui est en toi réunie, le passé, le présent et le futur. Fais confiance à ton âme. Aucun être n'est supérieur à un autre même pas Moi, même pas Toi. Toujours indivisible, toujours Un. Maintenant, va mon enfant. Tu dois apprendre encore et encore et découvrir ce que tes yeux t'ont caché depuis tout ce temps. Ta vie commence à l'instant. Esther déploie tes ailes faites d'or et de lumière, car le ciel et la Terre ont rendez-vous avec ton âme.

La jeune femme murmura des paroles inaudibles puis elle ouvrit peu à peu les yeux. Lorsqu'elle se redressa, une vive douleur l'envahit. Elouan était là auprès d'elle. Son corps était lacéré. Esther se mit à pleurer. Tout remontait à la surface.

— Je… Je ne voulais pas.

Son protecteur lui effleura la joue du bout des doigts. Dans son regard, elle pouvait y lire un respect et un amour infini. La jeune femme se blottit dans ses bras, sans se préoccuper de sa nudité et entre deux sanglots, s'exclama :

— Je pensais être un monstre.

Le jeune homme referma ses bras autour de son corps pour former un cocon. Puis, il déposa un baiser au creux de son cou.

— je sais… Ne t'inquiète plus.

Ses sanglots s'apaisèrent et il put reprendre :

— La Déesse est aussi en toi mais je ne pouvais pas te le dire avant que tu fasses ton choix. Mon aide ne devait pas t'enlever ton libre arbitre une seconde fois et ma mission était stricte là-dessus. Tu sais… c'est une chance incroyable que d'avoir le choix. Et puis heureusement que tu as été forte ! Oui beaucoup plus forte que je ne l'aurais imaginé. Tu aurais pu sombrer dans la folie !

Esther s'écarta de lui pour le regarder et se glissant profondément dans son regard, elle lui murmura :

— Mais tu étais là.

Il essuya les traces vertes sur les joues de la jeune femme et arrêta son doigt sur ses lèvres. Le désir qui le prenait lui offrait des vagues de frissons entremêlées de palpitations. Il ne pouvait résister à ce corps serré contre lui et pourtant, il préféra enlever sa main mais Esther le retint. Un « je t'aime » s'échappa des lèvres en question et ce petit bout de phrase résonna dans le corps d'Elouan, pour venir finalement se graver dans son cœur. Il était si beau et si complexe ce petit bout de phrase, comme le monde qui l'entourait. Le corps de la jeune femme était endolori et courbaturé mais toutes les blessures s'étaient refermées à une vitesse incroyable. Il n'en restait plus qu'une. Une blessure si ancienne et si profonde, qu'elle avait laissé une plaie béante.

Esther voulait le jeune homme, tout entier. Son cœur voulait battre avec le sien mais, un instant, elle eut peur d'un refus. Elouan sentit cette peur et posa ses lèvres sur les siennes. Ils s'embrassèrent avec délicatesse puis ils se laissèrent emporter par leur fougue. L'amour les inondait de part en part, s'insinuant dans chaque cellule de leurs corps. Comme un baume, il vint guérir leurs âmes si longtemps assoiffées par l'extase de la Vie. Le jeune homme étendit Esther sur leur lit de fortune puis l'embrassa sur le ventre, la poitrine, le cou et finalement revint à ses lèvres. Chaque contact faisait jaillir un flot de sentiments. La passion laissait les deux êtres haletants mais si vivants. Les lèvres de l'un effleurant le corps de l'autre, qui à chaque battement de cœur, se laissait emporter un peu plus loin dans un tourbillon de volupté. Ils s'abandonnèrent à ce plaisir fugace qu'est la jouissance de la Vie comme une explosion de saveurs et de contrastes.

Hors du Temps, le couple se reposait, savourant cet instant privilégié. Esther était heureuse. Ils s'endormirent ainsi jusqu'aux premiers rayons du soleil qui pointait à l'horizon. Toujours entrelacés, ils se regardèrent sans un mot. Parler ne servait à rien. Ils pouvaient ressentir les moindres émotions de l'autre mais ce qu'ils savaient, c'était que rien ne serait comme avant. La nature avait ralenti le temps pour laisser au couple, cet instant d'intimité mais il fallait désormais reprendre la route.

Ils sortirent de l'étable, emportant avec eux le souvenir de leur étreinte sauvage et passionnelle.

— Il est inutile de retourner à l'auberge... Nous n'avons pas besoin de nos affaires, déclara le jeune homme puis, il reprit :

— Les créatures sont dotées de pouvoirs incroyables mais si j'en crois ce que j'ai vu hier... les tiens sont différents. Ta force est bien plus supérieure à eux.

— Mais je suis comme toi, rétorqua-t-elle pour se rassurer

— Hum, pas tout à fait. Il y a encore quelque temps, je le pensais mais regarde tes blessures... Il ne reste que de légères ecchymoses alors que les miennes se referment doucement. Malheureusement, je ne peux pas t'expliquer la raison à cela. Les Gardiens m'ont donné l'essentiel et rien de plus. Nous ne sommes jamais seuls, le chemin nous guidera.

En effet, le chemin les guidait mais les symboles, qui prenaient leur source dans la nuit des temps, se livraient à eux au fur et à mesure de leur avancée. Esther recevait des enseignements dans ces rêves et le lendemain, elle en faisait part à son protecteur. La forêt leur offrait ainsi un excellent terrain d'expérimentations où chaque rencontre apportait une pierre à l'édifice. La nuit commençait à tomber. Le couple établit leur camp de fortune auprès d'un chêne plus que centenaire car ils adoraient engager la conversation avec les arbres. Ceux-ci demeuraient des êtres dont la connaissance Universelle pouvait s'étendre bien plus loin que nos montagnes et nos océans. Quel bonheur de se reposer et sentir leur énergie bienveillante, soigner nos corps faits de chair et de sang. Le chêne lui représentait la communication entre la Terre et le Ciel mais aussi l'immortalité.

Ce soir-là, Esther s'endormit rapidement et sa nuit fut mouvementée. Elle rêva des civilisations anciennes et alors qu'elle se baladait au grès de ses envies, des animaux lui apparurent. Esther les observait attentivement puis la jeune femme s'attarda sur leurs regards. L'âme des Ancêtres pouvait se lire à travers leurs yeux. Puis un nuage prit forme au-dessus d'elle et le Machu Picchu apparut dans toute sa splendeur. Il s'élevait puissant et inébranlable. En son sein, il y avait tous les Ancêtres assis en cercle et ils la regardaient fixement comme le regard des animaux. A son réveil, la jeune femme se remémora son rêve à voix haute pour ne pas l'oublier. Les âmes des Ancêtres étaient toujours là. La solution était l'Unité ainsi les Hommes devaient être unis et non séparés. Comme avec la Nature, les individus s'étaient coupés de la Source. La dualité entraînait la guerre sous toutes ses formes que ce soit du simple rapport de force avec l'autre au massacre pur et simple d'individus.

Les sociétés modernes séparaient à tous les niveaux ainsi leur pouvoir était plus grand de jour en jour. Seule comptait l'entraide. Toujours le Un au service du Tout. Notre rôle sur Terre était vital et il restait le maillon d'une grande chaîne. S'il ne fallait citer qu'une personne. Ce serait son Moi intérieur.

S'accepter en tant que tel et prendre conscience de sa nature profonde pour avancer.

Esther et Elouan empruntèrent un autre sentier. Celui-ci les emmenait à l'opposé de l'auberge mais la rivière serpentait toujours avec eux. Leur destination n'avait pas vraiment de sens et Esther prenait son temps pour admirer l'aura d'une fleur ou goûter au chant des oiseaux. Le renard chassait toujours le lapin comme les lois Universelles l'enseignaient mais il y avait à présent, cette magie qui illuminait les cœurs.

La Vie n'était qu'énergie or ce qui disparaissait aux yeux ne faisait en réalité que se transformer. Quel cadeau magnifique, cette initiation à la Mort. La jeune femme se perdit dans ses pensées, regrettant que les rites de passage aient disparu au profit d'un monde virtuel qui érige des lois basées sur l'apparence et l'acquisition matérielle.

Comment une personne pouvait-elle construire son estime de soi et s'ancrer solidement à notre chère Terre Mère lorsque son existence était peuplée d'écrans, d'ondes électromagnétiques et d'un temps qui filait toujours plus vite ?

Il était logique que l'esprit soit perdu et totalement impuissant face à des sentiments comme le désir, l'envie. La jeune femme fit part de ses pensées à son protecteur et tout en mangeant des baies, ils échangèrent sur le sujet. La nuit qui suivit, Esther reçut pour enseignement, le besoin de contempler et de ne pas juger l'autre. Il serait bien trop facile de rentrer dans un jeu et critiquer impunément. Un être devait se connaître et s'aimer pour ensuite propager son Amour de la Vie et non l'inverse. Il fallait aller au-delà du cercle vicieux et pour se détacher du pouvoir, seuls des actes sans violence pouvaient apporter l'Amour Infini. Les belles paroles pouvaient être rabâchées sans cesse où bien joliment écrites sur un papier mais à quoi serviraient-elles en restant dans un livre où bien aux portes de la bouche ?

Le lendemain, le jeune homme l'encouragea à approfondir cette notion de cercle vicieux. Elle eut tout le temps de réfléchir aux conséquences de ses actes et à sa place sur cette Terre. Cette tâche lui était plus ardue que toutes les expériences vécues précédemment car, il y a peu son existence était noyée dans la masse avant que tout bascule. Qu'est-ce qui la différenciait auparavant des autres individus ? La seule réponse qui lui vint fut : Rien... alors pourquoi les gens n'auraient-ils pas eux aussi un élément déclencheur dans leur vie ? Un électrochoc assez puissant...

La jeune femme ferma les yeux et s'endormit dans les bras d'Elouan. Son rêve l'emmena au-delà des contes et légendes ainsi elle survola des forêts enchantées, croisa des Dragons, des Fées et des Sorcières puis, la jeune femme survola les livres d'Histoire et la géographie. Ceux-ci lui contaient l'humanité à son passage. Elle vit certains faits oubliés ou volontairement brûlés sur un bûcher. La domination écrasait le peuple en lui enlevant le savoir puis la jeune femme s'envola encore plus loin car il ne fallait pas trop s'attarder dans le passé. C'est ainsi qu'Esther se retrouva dans le Cosmos mais son corps n'en était plus un et seul son esprit perdurait. Une belle voix tinta de toute part:

— *Le jardin intime de tout être cache un joyau aussi pur que la lumière céleste. Les étoiles nous guident et nous orientent vers l'infiniment grand. Elles chantent aussi le chant céleste pour ouvrir notre cœur et élever nos âmes. Il y a une passerelle entre les mondes. Il faut pour cela purifier notre cœur et avancer pieds nus entre nos contraintes terrestres et nos émotions humaines.*

La jeune femme ouvrit les yeux et la phrase chantait toujours en elle. Son protecteur dormait paisiblement alors que la nuit les entourait encore. Elle alla s'asseoir un peu à l'écart et leva les yeux au ciel. La voûte céleste l'accueillit jusqu'à l'aube naissante.

Le jeune homme la rejoignit pour admirer le lever du soleil. Lorsqu'ils reprirent la route, leurs pas étaient légers, portés par le chant céleste. La journée se déroula comme les autres jours. Les plantes se trouvant sur leur passage, offraient à Esther leurs connaissances. Et pour se faire, il suffisait de vibrer à la même fréquence ou bien de les effleurer. Monsieur le Noisetier lui apprit que son bois était magique et était très habile pour trouver de l'eau. Le gui était, quant à lui, celui qui guérissait tout. Il défendait même le système immunitaire si utilisé à bon escient. Avant qu'Esther ne parte, il lui donna un dernier conseil, celui de prendre soin de son cœur en évitant toutes idées noires. Le pommier, dont les pommes réjouirent leurs papilles, lui expliqua être la passerelle entre le monde visible et invisible et son discours passionna la jeune femme.

Le soir venu, Elouan expliqua le rôle essentiel de la glande pinéale, la porte de l'éternité. Elle était représentée par un cône de pin. L'ouverture des consciences devait se faire tous les jours, dans des actes anodins de la Vie quotidienne. Que l'Homme ait la foi ou non, qu'Il croit aux Fées, aux Anges ou à rien, Il lui était impossible d'ignorer le monde dans lequel Il vivait. Il était responsable de ses actes et non pas le voisin ou un tel, mais bien lui. Tout acte avait un impact sur sa vie et sur celle des autres.

La Vie avait déposé en nous des graines et comme le ciel étoilé, elles scintillaient attendant de recevoir l'Essentiel pour pousser et s'épanouir.

Les jours défilaient et alors qu'ils avaient toujours été là, mais invisibles aux deux étrangers, des êtres se laissèrent voir. Ils furent au départ, très discrets puis de plus en plus nombreux à vouloir approcher ces deux humains atypiques. Elouan fut émerveillé par ses rencontres. En effet, il n'avait jamais eu l'occasion de faire leur connaissance. A chaque apparition, il donnait le nom et une description sommaire de l'être, à sa protégée puis avec respect, ils partageaient leur repas. Les fées étaient très curieuses mais encore plus gourmandes. Elles adoraient contempler les yeux turquoises d'Esther depuis ses genoux. Ils aperçurent aussi les esprits des lieux qui ne se cachaient plus mais ceux-ci ne parlaient pas, ils passaient seulement. En comparaison, nous pourrions dire qu'ils étaient tels que des pierres, impassibles et froids mais tout cela était bien plus subtil.

La nuit suivante, le couple ne le savait pas encore mais c'était la dernière et Esther reçut un ultime message. Le lendemain, elle prit la main d'Elouan et d'un pas décidé, elle l'entraîna au pied d'un vieil arbre. Il était tout rabougri, complètement renversé, les racines en l'air. La jeune femme alla prendre une branche puis commença à tracer un cercle tout autour de l'arbre. Le jeune homme comprit à l'instant même et il l'aida à fermer le cercle puis ils rentrèrent à l'intérieur en se tenant la main. Esther ferma les yeux pour mieux se concentrer et se souvenir de son rêve. Elle voulait en avoir le cœur net. Le vent fit bruisser les feuilles des arbres alentour. Toute la forêt s'était réunie. Des paroles ancestrales sortirent de la bouche d'Esther, à présent connectée avec l'Univers. Son protecteur ne l'accompagnait pas car il devait seulement la protéger et lui apporter sa force mentale et physique. La jeune femme parlait de plus en plus fort à mesure que le vent soufflait. Ce rite, elle l'avait déjà vécu la nuit dernière. Elle évoquait la force et la puissance de tous les êtres qui l'avaient guidé jusque-là. Lorsque la forêt se réveilla, Elouan vit sa bien-aimée devenir celle qu'elle était depuis toujours. Sa forme originelle prenait vie devant lui ainsi lorsque la jeune femme ouvrit les yeux, tous ses symboles sur son corps, scintillaient comme les constellations. Sorties du plus profond de son être, les paroles primitives dansaient dans l'air et vibraient sur Terre et dans leur danse, emmenaient tous les éléments avec eux. La jeune femme se laissait aller et lâchait prise. Les gestes anciens revenaient à elle car ils étaient imprégnés dans toutes ses cellules. Les pieds sur Terre et la tête dans les étoiles, elle chantait la Vie. Son amour s'offrait sans limites. Le vent faisait voler des gerbes de feuilles, de pierres, de branches… Le petit peuple venait lui aussi rentrer dans la danse. Les plantes ondulaient avec le vent. L'énergie de chaque être se propageait dans les airs puis allait se concentrer en un point, celui de l'arbre. Esther s'accroupit puis frappa le sol avec ses mains. Puis de nouveau, elle frappa la Terre comme les battements d'un cœur, le rythme s'accélérait. Finalement, la jeune femme stoppa son mouvement, laissant ses mains rentrer dans la Terre. L'arbre vibra. L'énergie faisait des étincelles dans l'air et dans le sol, elle circulait des mains d'Esther jusqu'à l'arbre. L'iridescence traçait des veines pour l'alimenter. Les racines de l'arbre se mirent à onduler puis plongèrent dans la Terre. Le tronc se dressa, érigeant ses branches au ciel et des bourgeons sortirent. Des feuilles pointèrent délicatement, face au soleil. Esther s'approcha de cet être majestueux puis avec un respect et un amour infini, se prosterna.

Le vieil arbre avait reçu la foudre alors qu'un jour la colère Divine faisait trembler le ciel. L'arbre majestueux était soulagé car à présent, il pouvait de nouveau enseigner aux plus jeunes toutes ses connaissances apprises au fil des siècles. D'une voix grave, l'Arbre s'exclama :

— Que tous les êtres réunis ici se souviennent. La Mémoire Universelle est écrite dans les rochers, les rivières et le vent. Chaque pas que vous faites sera écrit sans qu'aucun retour en arrière ne soit possible. L'empreinte laissée aura des répercutions comme les ondes qui se forment à la surface de l'eau, elle se propagera en cercles de plus en plus larges mais de plus en plus loin par rapport à votre existence. Vos actes, vos pensées et vos émotions créées en un instant puis pour certaines oubliées en un battement d'ailes continueront leur chemin, influençant négativement ou positivement le monde. Mes enfants, vous êtes non pas des victimes mais responsables. Votre vie n'appartient pas seulement à vous mais aux générations à venir.

Le jeune homme s'avança auprès d'Esther puis il prit la parole et demanda des renseignements sur la grande bataille. Surprise, la jeune femme fit le rapprochement entre ses cauchemars et les propos de son protecteur. L'arbre, dont le ton se fit plus grave encore, lui répondit :

— La question n'est pas là mon enfant. Il veut des cendres sur Terre et toujours plus de sang versé mais Il ne peut pas se matérialiser ici-bas. Son territoire là-haut ne semble plus lui convenir. Les Hommes oublient leur connexion à la Source, leur cœur se durcit et ils perdent la raison. La Grande Bataille n'existe que pour Lui car à quoi bon combattre pour le bien de tous. Serions-nous tombés si bas pour accepter ses règles ? Nous devons nous élever bien plus haut encore. Les Âmes qui acceptent l'affrontement sont corrompues par la colère, la haine et la peur, qui s'infiltrent partout. Je vous le dis mes enfants, baignez-vous dans l'Amour infini, vibrez dans la beauté et non dans la noirceur de ce bas monde. Il agrandit de jour en jour son armée mais l'ombre est là pour dévoiler la lumière. L'espoir doit vivre ! Quant à vous humains, les Anges de la Nuit sont à la recherche d'un autre couple qui croisera bientôt votre chemin si bien sûr tous les éléments concordent. A présent, partez ! Chacun à sa place pour que l'équilibre persiste. Toi, jeune femme attend un peu.

Le jeune homme s'éloigna.

— Je sens en toi de la haine envers le Tout-Puissant. Mes paroles arrivent peut-être trop tôt mais n'oublie jamais l'Unité !

Ils ont fait tant d'atrocités... pensa Esther.

— Oui mon enfant mais répondre par la violence est-elle le meilleur choix ? Crois-tu qu'en empruntant ce chemin, cela cessera un jour ? Les Anges de la Nuit sont aveuglés par des croyances. Ils suivent un seul être sans se poser de questions. Ma petite, tu sais au fond de toi que chaque être doit avoir la possibilité de choisir. Esther était confuse et troublée par ses propres émotions enfouies.

— Ne sois pas impartiale avec toi-même. Tu as dû apprendre beaucoup en peu de temps et cela n'est pas fini. Sais-tu que les Anges de la Nuit ont participé à ta transformation ?

La jeune femme surprise balbutia :

— Ce n'est pas possible. Comment le Mal pourrait… Elle laissa en suspens sa phrase.

— Très bien… je vois que tu commences à comprendre. Le Bien et le Mal n'existent pas, par conséquent, toute énergie peut avec respect et Amour se transformer. Ainsi la Vie éclot. Laisse-toi porter par ce sentiment.

Esther s'en alla sur ses dernières paroles… Elle comprenait que sa tâche n'était pas d'apporter une solution. Les Hommes ont toujours voulu résoudre les problèmes, trouver des solutions mais pourquoi ? Pour satisfaire leur ego ? La solution n'existait pas. Il fallait rétablir l'harmonie en travaillant sur soi. Le monde ne tournait pas rond mais la faute à qui ? Sûrement pas aux animaux, aux éléments et aux astres. Son protecteur acquiesça puis il mit en lumière sa « différence ». Sa transformation ne s'était pas déroulée comme celle d'Elouan car Esther portait en elle, la trinité. Elle restait encore interdite devant ses propos et bien que, petit à petit tout s'enchaînait dans son esprit, le but ultime lui échappait. L'histoire de l'humanité se dévoilait page après page.

Après leur départ, l'arbre s'exprima face au peuple de la forêt. Il se mit à vibrer puis l'assemblée écouta attentivement ses propos. S'ensuivit un échange entre tous, où chacun put s'exprimer. Des froissements de feuilles, des pluies de pétales de fleurs, des rafales de vent, des grognements, des tremblements agitèrent l'assemblée puis le calme revint et la forêt s'apaisa. Ils avaient lâché leur fureur, dégueulant les horreurs dont ils étaient les témoins. La Terre mère et tout ce qui vivait en elle, végétaux, animaux et petit peuple avaient pour mission de soigner et d'apporter la Vie. Autrefois, les Hommes priaient pour eux et apportaient des attentions toutes particulières à cet autre monde. L'harmonie était parfaite car ils absorbaient les énergies négatives en eux puis grâce aux Hommes, ils se rechargeaient en pensées d'Amour. Aujourd'hui, la prière se tournait vers plus d'argent, de réussite sociale et les offrandes de nourriture ou de fleurs s'étaient envolées. Le Temps crée par l'Homme avait tout emporté avec lui.

Le couple était un peu perdu car leur corps avait battu au rythme du discours du vieil arbre. A présent, il n'y avait plus rien pour s'accrocher. La jeune femme lâcha la main d'Elouan surprise par des plantes qui vinrent s'enlacer autour de leur corps, cachant ainsi leur nudité. Puis la magie s'en alla. Les oiseaux avaient repris leur chant comme si de rien n'était. Pourtant, cet instant magique avait laissé une trace. La jeune femme passa la main sur son corps et découvrit sous ses doigts non pas le contact de sa peau mais celui d'un tissu d'une extrême finesse. Son protecteur était lui aussi vêtu et ils remercièrent la Nature de ce cadeau puis ils reprirent la route.

Les jours défilèrent plus rapidement et le chemin se faisait moins intime. La végétation s'écartait sur leur passage. Les animaux sauvages les regardaient passer. Lorsqu'ils avaient soif, une source se trouvait à portée de main. Lorsqu'ils avaient faim, ils trouvaient des arbres remplis de fruits succulents. Leur périple touchant à sa fin, Elouan apprit tout ce qu'il savait des pouvoirs de la Déesse et sa protégée mit en pratique ses enseignements. Il l'encourageait sans cesse pour qu'elle progresse harmonieusement. Ils sentaient les énergies se modifier. L'atmosphère pesante de la ville commençait à se faire sentir. Elouan se questionnait en son for intérieur.

Les Anges de la Nuit se voyaient refuser l'accès au Royaume de la Nature de par leur vibration. Devaient-ils appréhender les Hommes ou les Anges de la Nuit ?

Le jeune homme se demanda aussi, s'il y avait une corrélation avec les rêves d'Esther car ceux-ci s'étaient amplifiés. Il se tenait à côté d'elle pour lui donner un peu de sa force mais les nuits n'étaient pas de tout repos. Le jeune homme voyait son regard se poser sur lui quand-elle se réveillait. La jeune femme voulait lui raconter mais il l'en empêchait. Elle ne devait en aucun cas lui dire, de peur d'influencer les événements. Ces visions lui étaient propres.

Pour Esther, c'était à chaque fois une épreuve. Ils avaient tellement partagé pourquoi ne pouvait-elle pas se dévoiler complètement ? Elle ressentait malheureusement de la culpabilité. Si seulement…La jeune femme trempée de sueur et le corps contracté, se blottissait dans ses bras. Alors, elle lui murmurait des mots d'amour, au creux de l'oreille, pour qu'il n'oublie pas combien elle l'aimait. Elle ne voulait pas le perdre mais son rêve devenait de plus en plus précis. Chaque fois plus long. Chaque fois plus intense. Une nuit encore, son rêve l'emporta…

Toujours l'enfant qui pleure, de la fumée, des bombes…Je connaissais bien cette scène, je la connais même dans ses moindres détails. NON. Je ne veux plus voir ces massacres… Je n'en peux plus de voir et revoir ces horreurs. Je ne peux rien faire ! Je suis transparente à ce monde mais pourquoi ? Pourquoi ne pas me dire ce que je dois faire. Je vous écoute…je vous suis… Attendez-moi, j'arrive ! J'enjambe tant bien que mal les cadavres. Je tombe à terre et m'écorche les paumes des mains. Je sors de ma torpeur, quelqu'un vient de m'agripper la cheville. Je me retourne et aperçois une femme mais son visage commence à se transformer. C'est à présent une créature qui me fixe du regard puis me tend un objet. Je le prends et le garde fermement dans ma main. C'est une pierre toute froide contre ma peau mais mon esprit est ailleurs. Il est occupé à déchiffrer la forme qui s'avance devant moi. Je reconnais cette démarche si féline et si réconfortante alors je cours vers lui. Je hurle son nom et me jette dans ses bras, un bonheur immense m'envahit. J'oublie un instant, la scène qui se déroule tout autour de nous. Je peux enfin le toucher, l'embrasser mais le vacarme de la bataille explose dans ma tête. Jamais je ne serais tranquille avec l'homme de ma vie. Je hurle et je pleure. Arrêtez ! Je n'en peux plus ! Le jeune homme pointe le doigt derrière moi alors je me retourne et à travers mes larmes se dresse l'enfant. Il est mort et pourtant il se tient debout. Il n'est pas seul et tous les morts se sont levés. A présent, ils me tendent les bras et leurs bouches s'articulent mais je ne comprends pas ce qu'ils veulent me dire… Ils me sourient …

Attendez ! Ne partez pas ! La Nature se propage tout autour d'eux, recouvrant les décombres. Toutes les armes disparaissent puis la végétation vient lécher les corps des morts pour s'entourer autour d'eux. Ensuite…le silence. Le vacarme a cessé. Le vent se lève et des feuilles tourbillonnent dans le ciel. Je ferme les yeux et laisse le vent s'échouer dans mes cheveux et il me semble entendre une douce mélodie. Des frissons m'envahissent. Lorsque j'ouvre les yeux, le printemps a laissé place à l'automne. Je devine sous la végétation, des tas de décombres. Maître de rien, je ne peux combattre le Temps et des flocons commencent à tomber. Le décor se pare d'un beau tapis blanc. Quelque chose vient me chatouiller le pied. Je me pousse et aperçois une pousse. Elle me semble si frêle et pourtant elle se déploie encore et encore. Une fleur vient de s'ouvrir et me montre son intimité puis d'autres fleurs éclosent… Elles sont magnifiques.

Le Temps a fait son devoir et plus rien ne laisse entrevoir la Grande bataille et pourtant, elle laissera des marques indélébiles au plus profond de la Terre et dans les esprits. J'aperçois une forme au loin. Elle se rapproche et… Oh c'est un petit garçon qui vient jouer. Il court avec les papillons, se roule dans l'herbe et son rire illumine le paysage. La vision s'estompe puis mon amour apparaît. Il me sourit mais je ne peux pas le prendre dans mes bras car mon corps ne m'obéit plus. Elouan se baisse et embrasse mon ventre rebondi puis il s'éloigne. Je n'ai pas le temps de réagir que la Nature s'entrelace sur le corps de mon amant et se propage partout. J'ai besoin de toi pour vivre…Tu avais juré de ne plus m'abandonner ! Je t'aime tellement mon amour. Il me sourit paisiblement et alors qu'il disparaît, je baisse mon regard sur mon ventre. Elouan a laissé sur celui-ci un papillon.

Son rêve prenait fin ici et maintenant. Elle était allée au bout de ses visions. Alors qu'il était rempli de symboles et de passages obscurs, Esther n'en comprenait pas le sens. Pourtant, une chose était certaine… A quel prix devrions-nous nous battre ? Si une bataille passée, présente, ou future avait lieu, il n'y aurait aucun vainqueur. Évidemment, la Nature serait là pour protéger la Vie mais nos proches ne seraient plus de ce monde. Nos cœurs seraient meurtris et remplis de haine et de vengeance. Le danger était proche et l'Amour si fragile en ces temps. Alors qu'ils reprenaient la route, Esther se fit la promesse de profiter des moindres moments passés avec Elouan. Peu importait l'issue, elle garderait ses moments de bonheur dans tout son être. Puis, levant les yeux au ciel, la jeune femme imagina que dans cet Univers, des gens les attendaient.

**

Une tasse de thé fumait juste au-dessus de mon visage. Ce matin, je prenais le temps et l'odeur du thé était agréable. Se pouvait être cela le bonheur : apprécier tous ces petits moments mais les jours défilaient et avec lui les kilomètres. Une pensée vint assombrir mon humeur. Aussi furtive soit-elle, cela me préoccupait. En effet, je ne supportais plus la société et je criais au scandale. De là-Haut tout était beau et mes missions me semblaient teintées d'héroïsme mais là… j'étais et je vivais dedans. Le monde tournait à l'envers et j'avais le sentiment de perdre la tête et pourtant, bien vissée sur le reste de mon corps, ma tête me disait que l'âme était juste déconnectée de la chair. Cette chair qui suivait la gravité et mon esprit qui lui s'élevait ! A tâtons, tout doucement je me raccrochais à des petits détails. Mon autre moitié fit irruption à ma table, court-circuitant mes pensées vagabondes. Il ne se gêna pas pour intervenir.

— Tu sais les sentiments humains font mal surtout pour un Ange mais certains sont comme un petit nuage de chantilly !

Je le regardais, la moue dubitative.

Il rétorqua :

— J'étais comme toi… perdu mais devant mon verre de whisky et puis tu es arrivée dans ma petite existence. En fait, la première fois que je me suis opposé à Lui, c'était grâce à toi.

— Si tu continues…

L'Ange déchu éclata de rire :

— Qu'est-ce que tu vas me faire ?

Je n'eus pas le temps de répondre. Il s'appuya contre le dossier de sa chaise et d'humeur farouche, reprit son récit :

— La première fois que nous avons fait l'amour, ce fut délicieux. Jamais je n'avais ressenti cela et mon amour n'était plus entièrement dévoué à Dieu. J'appris, cette nuit, qu'un Ange pouvait avoir des sentiments. Les autres nuits furent encore plus exquises. Plus nous jouissions et plus la frontière avec Dieu s'agrandissait.

— Comment as-tu fait pour éviter qu'Il ne t'efface la mémoire ? Le protocole est strict là- dessus !

Le visage de l'Ange déchu s'assombrit. Sa main trahit son for intérieur en froissant la serviette en papier, avec laquelle il jouait.

— J'arrivais à cacher mes sentiments au début mais ma mission allait prendre fin et je ne voulais pas te perdre. Je décidais de laisser une trace de notre amour dans la Bibliothèque Universelle. C'est ainsi que j'écrivis dans un livre : « Buvez ceci est mon sang… ».

— Mangez ceci est mon corps…, terminais-je. Il leva les yeux vers moi, eut un petit sourire puis reprit :

— Tu étais une jeune femme très croyante et tu priais souvent à l'église. Je me suis dit que c'était le lieu idéal. L'église nous unissait. Mais ce fut bien pire. Son sourire s'effaça et son regard se perdit au loin.

— La colère de Dieu fut terrible lorsqu'Il apprit notre amour. Ma douce, tu as fait irruption dans l'église et tu as prié le Tout-Puissant, pour qu'Il me rende à toi. Tu lui as parlé de notre Union. Tes paroles coulaient comme de l'or et ton cœur chantait. Ton âme était si belle, si pure. Tu ne pouvais pas savoir ma nature Angélique et ton cœur rempli d'Amour n'était poussé que par le plus beau des sentiments. Dans ta prière, notre Amour défiait le Divin.

Il fallut un temps à l'Ange déchu pour reprendre et moi, j'étais là, recroquevillée sur ma chaise. Je ne doutais pas, un seul instant, de ces propos. Je les vivais à nouveau dans ma chair.

— Mon amour, reprit-il, j'étais là-Haut te voyant pleurer toutes les larmes de ton corps. J'ai souhaité de tout mon être te rejoindre et lorsque tu as pris cet objet tranchant, la lame a brillé et le sang a coulé. Ton sang. Mon Amour, la douleur a pris mon cœur et je me suis précipité dans le vide. Il n'y avait plus que toi en moi et Dieu hurlait dans mon dos.

— Je…je me souviens… m'exclamais-je. J'étais allongée, la pierre froide me ramenait à ma solitude. Et tu es

167

apparu. Tu étais lumineux avec des ailes immenses qui se déployaient. Mon cœur était aux Anges.

— Je t'ai enlacé. Mes ailes n'étaient déjà plus alors que j'effleurais le sol. Les plumes éparses se mélangeaient à ton sang. Nos lèvres se sont rencontrées une dernière fois.

— Et je t'ai murmuré que si Dieu nous avait séparés, la Terre Mère nous offrirait son sein.

— Je n'ai pas compris sur le moment. Quand tes yeux se sont fermés, je t'ai serré fort contre moi et je l'ai senti. Mes doigts ont effleuré ton ventre arrondi. Dans un état second, j'ai pris la lame, celle-là même qui t'avait ôté la vie, puis j'ai sorti l'être en toi. La suite est plongée dans le brouillard… Comme dans un cauchemar, je t'ai abandonné là et dans mes bras, un bébé bien trop petit pour vivre.

Des larmes coulaient à présent sur ses joues et le cœur battant, l'Ange déchu prit quelques minutes pour reprendre ses esprits. Inconsciemment, je posais ma main sur mon ventre. Le Tout-Puissant m'avait pris ce que j'avais de plus cher au monde. Une douleur me poignarda le cœur. Mon Ange déchu me prit dans les bras. Il essaya d'apaiser tant bien que mal, ma souffrance mais nos larmes se mélangeaient, sans relâche. Mon corps secoué par les sanglots ne me laissait aucun répit. Je me souvenais de ce tunnel puis de cette lumière au bout. Il m'attendait là-Haut. Dieu se réjouissait parce qu'en perdant une âme, Il en récoltait une nouvelle. Le Tout-Puissant effaça ma mémoire et tout rentra dans l'ordre. Enfin presque. Mon sang qui s'était infiltré dans chaque parcelle de l'église, rendit celui-ci invulnérable face à Dieu. Et cela pour toutes les églises de la Terre. Les croyants venaient prier et recevoir le sang du Christ. La tempête était passée et mes larmes coulaient en silence, ce qui permit à l'Ange déchu de continuer son récit.

— Je dois te dire la vérité et cela va te faire mal mais je dois être en paix avec nous.

Je ne pouvais pas lui répondre mais je fis un signe de la tête. Je voulais savoir pour cet enfant… notre enfant.

— J'étais désemparé. Mes ailes étaient coupées et je ne savais plus qui j'étais, où j'étais. J'errai donc avec ce petit être collé contre moi. Je me souviens de la pluie qui s'abattait sur nous. Elle effaçait les dernières traces de toi. Je me souviens d'un parc et d'un grand arbre où je pus m'abriter. Notre enfant était si minuscule et sans vie. Je t'avais perdu et notre chair, notre sang s'en allait. Sa conception était un miracle, alors pourquoi ? Pourquoi le ciel m'avait enlevé à vous ? Ma punition était immense et mon égoïsme vous avait coûté la vie. A genoux, j'hurlais au désespoir, à la colère et à la haine. Une lumière est apparue. Ce n'était pas la lumière Divine, elle était verte. Alors que notre petit être gisait sur l'herbe, c'est comme si la pluie s'était transformée en étoiles filantes vertes. Par terre, les plantes se sont mises à bouger. Elles se sont accrochées à son petit corps puis elles lui ont fait comme un nid et une goutte de pluie vert turquoise est tombée sur son cœur. J'ai vu celui-ci battre à nouveau et le son qu'il faisait tintait à mes oreilles. Notre enfant irradiait. Toutes ses cellules étaient baignées par cette lumière. Je sus qu'il était temps, alors je bénis la Terre Mère comme tu l'avais béni et notre enfant fut emporté par la Nature.

— Il n'est pas mort, il est vivant... Notre enfant..., m'exclamais-je

L'Ange déchu prit mon visage entre ses mains.

— Je n'en suis pas sûr. Depuis toutes ses années, des questions me tourmentent. L'alcool a été ma seule réponse.

— La Terre Mère l'a recueilli. C'est tout ce qui compte pour moi. J'ai le sentiment qu'il devait en être ainsi. Mais ?! Nous n'avons pas une minute à perdre, m'écriais-je

L'Ange déchu sourit. Nous étions de nouveau réunis et le temps n'avait rien effacé alors pourquoi ne pas espérer retrouver notre enfant ? J'avais besoin d'aide et pour boucler la boucle, je passais la nuit dans l'église la plus proche. Cette fois mes intentions avaient changé. Je ne venais pas prier Dieu mais la Terre Mère car ces lieux étaient ma protection. Ce qui reliait le haut du bas c'était l'Amour et celui–ci prenait vie dans le Cœur. Il battait comme un son primitif et s'accordait avec son milieu. Je pouvais facilement l'oublier dans la vie quotidienne or il était bien là quand je criais à l'injustice ou à l'hypocrisie. Personne ne pourrait plus le bâillonner.

Comme un rêve éveillé, je m'envole et parcours des kilomètres. Mes ailes sont là, toutes belles et lumineuses. Je laisse le chaos et la joie m'envahit. Les Anges que nous avons surnommés les Anges de la Nuit sont toujours à nos trousses mais l'horizon où je me dirige est splendide. Les pensées défilent et la grisaille de la ville s'en va. Je suis toute légère et j'ai envie de m'amuser avec les nuages mais on me presse car je suis attendue en un lieu. Mes pieds frôlent à nouveau le sol. La végétation est abondante et tout vibre. Des statues enlacées par la Nature semblent vivantes. J'avance là où m'emporte mon cœur et je suis accueillie par des êtres lumineux. L'une d'elles s'approche et me tend ses mains. Dedans, une luciole vert turquoise.

L'aube me réveilla. Comme une cascade d'amour, la lumière traversant un vitrail, vint m'effleurer le visage. Je levais la tête et admirais celui-ci. Mon être meurtri de la veille, avait pensé ses plaies. Il fallait rester encore un peu dans cette ville. Les événements dramatiques ne devaient pas influencer ce pour quoi j'étais venue faire. *Dans les profondeurs de l'être se cachaient des joyaux.* Les yeux grands ouverts, je devais d'abord voir la vérité. J'entrebâillais la porte de l'église et le père qui croisa ma route, n'eut pas le temps de m'interpeller. Je filais à travers les rues. Il n'y avait plus d'Anges Noirs, de peurs et d'angoisses seulement une foi inébranlable. Les cœurs des Hommes s'ouvraient comme des fleurs au printemps, sur mon passage. J'absorbais leurs émotions négatives et les transformais en lumière. Ainsi vibrante et lumineuse, je retrouvais mon Ange déchu assis sur les escaliers de l'Hôtel. Un sourire illuminait son visage comme s'il avait abandonné ses valises bien trop lourdes pour lui. Nous partîmes sans un mot.

C'est ainsi que nous arpentâmes les quartiers chics. Les gens ici avaient un beau sourire mais pour certains leurs cœurs étaient vides. Ils cherchaient désespérément un sens à leur vie. Pour combler leurs existences, mon Ange m'expliqua que ces personnes voulaient toujours plus. Plus d'argent, plus de pouvoir enfin toujours plus. Certains mouraient avec beaucoup de biens financiers et matériels car ils avaient accumulé encore et encore mais ils ne pouvaient emmener tout cela dans leur tombe. D'autres avançaient dans la vie avec fierté, maîtrisant leur existence. Tout était calculé de A à Z mais je pouvais entendre leurs âmes enfermées, appeler et demander de l'aide.

Nous prîmes les transports en commun, traversant la ville et suivant un chemin initiatique. Nous laissâmes derrière nous un tas de « beaucoup » pour une existence de « rien ». Je n'étais pas là pour juger mais je voulais apprendre et ces extrêmes pouvaient me faire évoluer. C'est ainsi que dans les transports en commun, je goûtais à l'indifférence. Des gens automatisés, le regard vague et je pourrais oser dire la lèvre pendante. Par mes yeux d'Ange, enfin avec quelques plumes en moins, je voyais toutes les richesses enfouies en eux. Leurs âmes brillaient de toute part et pourtant, ils étaient là sans être présents à leur vie. Ces êtres humains dotés de mains, de pieds, d'une tête et d'organes vitaux, vivaient en dehors de leur corps. Ils marchaient et se tenaient debout mais ils n'étaient pas ancrés et les soucis quotidiens voûtaient un peu plus leur dos. Ces humains faisaient de grands gestes, attrapaient des objets et serraient d'autres mains mais celles-ci ne touchaient pas. Et leurs têtes qui inventaient des tonnes de choses, qui n'arrêtaient pas de penser du matin au soir où étaient- elles, ces têtes bien pensantes ? Non pas reliées au Sacré et à la Source première mais plutôt en train de flotter dans un brouillard épais. La beauté avait disparu et avec lui, le sens de la Vie. Et pourtant, je les voyais ces petites graines plantées dans chaque individu, comme les étoiles dans le ciel. Il suffisait d'un peu de vent, d'amour et de lumière pour que ces graines poussent. J'imaginais des forêts immenses faites d'arbres immortelles. Une osmose parfaite entre tous les êtres et l'Univers. Mon Ange déchu interrompit mes visions :

— Nous descendons ici… Ton paradis terrestre devra attendre.

Sur le trottoir, c'est une autre réalité qui m'empoigna. Elle me fit froid dans le dos car nous étions dans les bas-fonds. La nuit commençait à tomber et je n'aurai su dire si cela était mieux. Les bâtiments se dressaient, autour de nous, hideux et délabrés. La puanteur s'immisçait partout. Même la nuit avait du mal à cacher ce spectacle et les ombres s'agrandissaient comme des géants prêts à bondir sur nous. Je cherchais de la lumière où peut-être ma lumière intérieure. En fait, c'était à la main de mon guide, que je m'accrochais. Que ce soit à ma gauche ou à ma droite, des visages fermés. Toujours des dos courbés, portant toute la misère du monde. Une vieille femme édentée tendait la main. Elle avait faim et froid mais demandait de l'argent. Ici, l'alcool était roi car il changeait leur réalité le temps d'une bouteille. Je pris la main de cette vieillarde. Son regard agressif et ses paroles proférées ne m'atteignaient pas. L'empreinte divine laissée au creux de sa main, commença à se propager jusqu'à son cœur. Son regard s'adoucit. La vieille femme se mit à pleurer. Nous partîmes. Notre route continuait. Une sorte de bar nous accueillit et je pris une boisson chaude, tout près de la fenêtre en attendant le retour de mon Ange. Une pluie vint s'abattre sur la ville.

— Si seulement la pluie pouvait emporter toutes les immondices…Le monde allait crouler sous ses déchets. Je prierai tous les jours, l'arrivée de la pluie, purificatrice.

Je détournais mon regard de la fenêtre pour voir celui qui s'était exclamé. C'était un jeune homme accompagné par une autre personne. Je m'attardais sur ces deux individus. Mon compagnon leur dit quelque chose en passant près d'eux, puis ils entamèrent une conversation. L'Ange déchu tourna la tête dans ma direction et les trois hommes vinrent s'asseoir en face de moi. Les présentations furent rapides. Nous étions des voyageurs, un peu égarés. Le premier s'appelait Miguel, c'était celui qui avait attiré mon regard. Son rire m'avait tout de suite plu. L'autre jeune homme se prénommait Pedro. Je n'avais dit mot comme lui. Nous nous observions et nos âmes savaient. Ils vivaient simplement au-delà des préjugés et des apparences. Miguel parlait beaucoup de l'existence, de la vie et du Temps. Je rigolais beaucoup en leur présence. Ses paroles chantaient et la vie semblait si simple. Ils offraient leur joie de vivre et leur espoir sans rien attendre en retour et tout naturellement, je leur demandais si j'avais besoin d'apprendre et de recevoir davantage. Miguel éclata de rire et les yeux de Pedro s'illuminèrent. Ma question avait eu pour effet d'embrasser la table d'une énergie flamboyante. Même mon compagnon riait à pleins poumons. A mon grand étonnement, ce fut Pedro qui s'exclama avec son accent :

— Une âme Divine perdue entre le Haut et le Bas, cela ne passe pas inaperçu.

Et de renchérir :

— Les gens ici sont assommés par la misère et les soucis. Ils survivent tant bien que mal et ne voient plus la beauté. Ils sont devenus fous car il faudrait être fou pour ne pas être éblouis par vous.

Je restais ébahie. Nous avions parcouru la ville de long en large, scrutant la vie humaine et c'était ici, dans ce bar délabré, que le plus beau des cadeaux m'était offert. Je me tournais vers mon compagnon.

— Crois-tu que je t'aurais laissé comme cela, le cœur triste. L'Homme est capable du pire comme du meilleur. Je l'ai appris, il n'y a pas si longtemps. Il ne faut jamais perdre espoir.

Je me mis à rire. Dans le cœur de ses deux hommes, des plantes avaient poussé et leurs âmes vibraient à l'unisson. A mon tour, je pris leur main et m'ouvris grand. A cet instant, les paroles ne servaient à rien. Les rires se mélangèrent aux larmes. Je venais de rencontrer des Hommes dont la foi était immense. Leur certitude résidait dans le fait que Dieu, peu importait d'ailleurs le nom, la forme ou l'énergie était Amour Infini. La société avait instauré des lois, compliqué ce qui était à la base simple et tout cela pour quoi ? Pour mieux diriger. Le Temps s'était accéléré, emportant avec lui les valeurs et les émotions vitales.

Pourquoi courir ? Après quoi courir ? J'ouvrais mon cœur, j'ouvrais mes yeux et c'était toute la Vie qui s'offrait ! Travailler toujours plus, se goinfrer de produits vides et transformés, acheter encore plus pour combler un vide existentiel et pour dépenser plus... et après ? Jusqu'où cela ira-t-il ? Pour un monde qui courait à sa perte. Pour toi... Une pierre froide avec ton identité et un bouquet tout fané au pied ? Ton entourage qui pleurera les moments où tu étais absent à cause du travail, les moments de disputes à cause des problèmes financiers... Et si le monde avait besoin de simplicité ? Maintenant ! La beauté de ce monde était simple. Elle était là, elle s'offrait à nous.

Le silence régnait, à présent, à notre table mais les pensées fusaient :

— C'est vrai, il y a des beautés en ce monde qui n'existent qu'ici-bas, pensa tout fort Miguel.

— Si seulement là-haut, Il pouvait me guider un peu plus pour que je montre « l'émerveillement » à tous ces gens dans le besoin, soupira Pedro

Mon compagnon plongea son regard dans le sien et lui expliqua qu'il n'avait besoin de personne. Son cœur était un joyau qui brillait au-delà des peurs. Le Divin était en nous et l'avait toujours été. L'éveil de l'Homme est propre à chacun. Il commence en lui et irradie tout autour. La vérité de l'un n'est pas la vérité de l'autre alors il faut suivre son propre chemin, vivre ses propres expériences pour finalement vivre en accord avec son âme, ses aspirations et soi. Le monde brillera et ainsi, il n'y aura pas une vérité mais des vérités pour des Hommes harmonieux, indépendants et autonomes.

C'est ainsi que la soirée défila mais il était temps de partir. Les deux Hommes s'en allèrent de leur côté, choisissant de rester dans cette ville pour accomplir un bout de leur légende personnelle. Nos âmes, elles restaient liées à jamais. Nous nous quittâmes le sourire aux lèvres et poussés par le vent, nous prîmes la direction d'un parc. Le Temps avait repris sa course et les Anges de la Nuit ne tarderaient pas. Les rues étaient désertes mais lorsque nous fûmes devant les grilles du parc, le doute osa s'insinuer. Je cherchais quelque chose mais quoi… Un signe, un indice. Nous étions à présent entourés par les Anges de la Nuit. J'en reconnaissais certains. Je tentais de leur parler pour gagner du temps et mes paroles se faisaient pleines d'amour. Les réactions de surprise n'allaient pas plus loin. Ses consciences-là étaient bien plus difficiles à transformer. L'électrochoc qui pouvait les faire basculer dans la pleine conscience, devait être énorme pensais-je. Et puis, mes paroles s'arrêtèrent car elles apparurent… Je crus d'abord à de la pluie mais les gouttes étaient vert turquoise. L'une d'entre elles se posa sur moi. Je pus admirer une luciole. Notre appel avait été entendu et nous voilà, deux Anges déchus, au milieu d'un parc, s'enlaçant. Les premiers rayons du soleil firent briller nos âmes. La végétation s'anima pour s'enrouler ensuite autour de nous. Le paysage se transforma et seules restaient les lucioles. Nous étions comme dans mon rêve à la différence près que les kilomètres se faisaient par le biais de la lumière.

***

Les Anges Noirs se retrouvèrent seuls. Ils n'entendirent pas les arbres murmurer aux êtres qui vivaient dans leurs branches, ni le vent souffler sa joie. Les Anges parcoururent de nouveau la ville, de long en large, pour recueillir le plus de renseignements possible. La vieille dame leur offrit toute sa réserve d'alcool et d'un rire édenté leur tourna le dos. Les deux hommes leurs offrirent aussi un sourire radieux avant de partir.

Les Anges n'avaient plus aucune emprise sur eux. Ils durent rentrer bredouille, là-Haut et vider leur mémoire pour être ensuite reformatés. Cependant, certains anges noirs eurent des comportements inhabituels. Rester trop longtemps sur Terre favorisait l'ouverture de l'esprit. Leur vibration changeait de façon subtile ainsi les paroles de l'Ange déchu avait porté ses fruits. Des questions commençaient à émerger.

Le ciel trembla.

Il était impensable que des Anges choisissent de se couper les ailes. Leur programmation ne l'envisageait pas ! Le monde tournait comme cela depuis la nuit des temps. Et ces quelques individus, pour qui se prenaient-ils ? Ce chaos était engendré par eux. Ils avaient enfin compris la notion de libre arbitre ?!

Dieu pensif, imaginait tous les scénarios possibles pour que le cours des événements reprenne normalement. Il devait éliminer ces deux Hommes. La vieille n'avait aucune importance. Elle serait prise pour une folle. Il ne pouvait pas leur faire tomber un immeuble sur la tête où demander à un de ses Anges de les assassiner. Mais le Tout-Puissant pouvait murmurer des idées de vengeance à un voleur à la sauvette ou amplifier une dispute, sur la voie express, provoquant par conséquent, un accident qui « Oh » malheureusement emporterait deux individus masculins.

Il y avait encore une ombre au tableau. Même si ces humains disparaissaient et qu'Il récupérait leurs âmes, il resterait ces deux Anges déchus, ingérables et propageant je ne sais quoi qui détraquait le monde. Et ils le détraquaient à une vitesse incroyable. Une toile se tissait entre les Hommes.

— Il m'emmerde ce libre arbitre hurla Dieu.

**

Nos deux corps étaient enlacés en fœtus et la brume les entourait. Le silence enveloppait tout. Nous ne savions pas où nous étions, car nos repères n'existaient plus. La brume se dissipa, laissant apparaître le soleil ainsi qu'une végétation luxuriante. Une énergie venue du plus profond de la Terre, passa dans toutes les cellules de notre corps. Un chant ancestral s'éleva et des filaments s'illuminèrent pour tourbillonner dans le ciel. L'énergie puissante et illimitée vibrait. Comme une douche purificatrice, nous étions nettoyés, reconnectés. La Nature nous absorbait et je me vis de l'intérieur. Mes ailes s'étaient reconstituées et celles de mon compagnon aussi. Je le vis comme autrefois et nous nous enlaçâmes. Nos cœurs étaient soignés. Mon ventre n'était plus une ouverture béante et mon Ange déchu se nettoyait des dernières traces d'alcool qu'il avait. Debout, main dans la main, nous étions magnifiquement beaux. Les lucioles vinrent se poser sur nous puis, elles nous guidèrent. Pieds nus, nous avançâmes. D'immenses pierres gravées de symboles inconnus et d'autres plus petites jonchaient les lieux. L'écosystème demeurait parfait. Nos émotions humaines perduraient mais sans entraver l'harmonie. Plus nous avancions et plus je percevais le sens ou le non-sens. L'endroit et l'envers n'existaient pas. Le bien et le mal non plus.

Ce que nous vivions n'était que des expériences et mon âme était en paix puisque j'étais à ma place. Je regardais mon compagnon, lui aussi vivait sa propre expérience. Dans ses yeux se reflétaient tous ses instants de culpabilité, d'impuissance et de questionnement mais au fur et à mesure, une sérénité prenait place. Nos pas libérateurs nous rendaient bien plus légers que ne l'avaient fait nos ailes. D'ailleurs, je ne cessais de les admirer. Elles faisaient à nouveau partie de moi et leur absence m'avait pesée. A présent, leur rôle n'était plus le même mais j'étais complète. Une pensée me vint. Lorsque j'avais perdu mes plumes une à une c'était comme si une vie s'en allait et avec elle, des souvenirs et des pensées. Bon ou mauvais peu importait.

Une arche faite de racines d'arbres nous accueillit et avec elle, juste au-dessus, la lune et le soleil qui se dressait côte à côte. Un sanctuaire s'ouvrait devant nos pas. Ma main se posa sur une pierre recouverte de mousse. Elle était humide mais moelleuse, gardant ainsi mon empreinte. Ma respiration devint plus profonde et l'odeur d'humus m'enivrait. Nous empruntâmes un escalier en pierre. Celles-ci étaient creusées par les pas d'autres avant nous. Les lucioles prenaient place le long d'un couloir puis vint la dernière qui éclaira la fin de celui-ci. Elles restèrent là, attendant notre retour. La pièce dans laquelle nous débouchâmes, était naturellement éclairée par un orifice dans la voûte. Nous nous séparâmes sans dire un mot.

Ma main d'instinct se posait sur les pierres alentour. Des murmures se faisaient entendre.

Les pierres parlaient. Elles racontaient l'histoire du Monde mais pas celui de nos livres mais bien celui vu, de l'autre côté. Dérangés par notre présence, des oiseaux s'envolèrent. Ce lieu était comme une bibliothèque où les mots s'exprimaient aussi par des ressentis, des émotions. La pénombre nous plongeait au plus profond de nous-mêmes. A un moment donné, je me sentis comme dans le ventre de ma mère et captant la vie de l'intérieur, je me préparais à sortir. Mes sens en éveil, je pensais à la Mort. Celle-ci n'avait que peu d'importance si ce n'était, celui de vivre l'expérience de la transformation. Les pierres m'expliquèrent que seuls mes actes, ici et maintenant, avaient un sens et un non-sens. Comment voir et sentir au plus profond de son être, si ce n'était en acceptant le Tout.

Et avec lui : l'Univers unit.

La pièce était ronde et je retrouvais mon compagnon agenouillé au bord d'une sorte de bassin. Je fus émerveillée par l'eau qui s'échappait. Débordante de Vie, elle coulait sur nos pieds et l'eau iridescente sortait de la pierre gravée. Effleurant celle-ci du bout des doigts, je dévoilais un relief fait de corps enchevêtrés au milieu des végétaux et des animaux. Ma main se laissa happer par l'eau. Elle était vivante et palpitait comme un cœur. Surprise, je n'eus pas le temps de le dire à mon compagnon que celui-ci avait déjà porté à ses lèvres, ce nectar. J'entendais à présent des chants anciens ainsi que des rires d'enfants. Je goûtais à mon tour. Le battement de cœur résonnait en moi, à mesure que je déglutissais puis il se cala sur mes propres battements où était-ce l'inverse ? Je n'aurais pu le dire. Ma respiration s'accorda aussi et comme une danse tribale, je fus emportée dans le mouvement. Des informations venaient, emmenant avec lui, toutes mes vérités. Mon ego se faisait plus léger et s'envolait parfois pour suivre le rythme. Je n'étais rien face à la grandeur des éléments et pourtant, j'étais là, infime fussé-je. La Terre mère nous avait offert à tous, un présent et notre retour se fit comme pour l'aller, avec les lucioles. Elles se dispersèrent dehors, nous laissant seuls avec le ciel étoilé. Je me mis à pleurer et mon compagnon me prit dans ses bras. Lui aussi pleurait. Les pierres iridescentes nous avaient amenés au cœur même d'un sanctuaire et alors que j'écarquillais les yeux devant le spectacle qui se dressait devant nous, des êtres magnifiques, nous enlacèrent.

*

Esther et Elouan finirent leur périple grâce à un paysan. Le destin l'avait mis sur leur chemin et pourtant celui-ci fut dur à convaincre. Il les transporta dans sa fourgonnette jusqu'à la ville la plus proche. Il les observait du coin de l'œil car pour lui, deux sauvageons occupaient à présent sa banquette. Ils échangèrent quelques paroles surtout avec Elouan car la jeune femme était perdue dans ses pensées. Elle n'avait que faire de son apparence et le monde qu'elle laissait derrière, lui manquait déjà. Elouan qui avait un peu usé de ses pouvoirs pour persuader leur conducteur, lui offrit tout de même un présent. Pour l'hôtel ce fut plus délicat, en effet, la réceptionniste n'acceptait que les paiements par chèque, CB ou espèces. Le jeune homme dut interférer sur sa volonté. Il n'aimait pas s'en servir sur des humains car, de temps en temps, cela pouvait être lourd de conséquences. Elouan était vraisemblablement à l'aise alors que sa protégée avait beaucoup de mal à retrouver ses marques.

Jongler entre deux mondes n'était pas chose facile et l'adaptation pouvait être plus longue que prévu. De plus son champ vibratoire était bien trop élevé. Elle devait apprendre à l'abaisser en fonction de son entourage et du niveau des individus qui la côtoyaient. Son protecteur la laissa dans la chambre de l'hôtel puis s'en alla chercher des vêtements. Esther se laissa choir sur le lit puis alluma la télévision. Les images et les paroles l'agressèrent. Elle l'éteignit rapidement et se dirigea vers la salle de bain. Le miroir lui renvoya une image étrange. Quelque chose avait changé.

Elle eut un petit rire lorsque la jeune femme enleva des brindilles dans ses cheveux et de la mousse. Elle démêla sa chevelure qui ressemblait à un tas de racines tandis que la baignoire se remplissait. Une douce vapeur emplissait la petite salle de bain. Avec une joie enfantine, Esther rejoignit cette eau salvatrice. Un frisson la parcourut à son contact. Son corps retrouvait des sensations humaines. Elouan rentra discrètement dans la salle de bain et s'assit sur le rebord de la baignoire. La jeune femme s'était entièrement immergée. Il en profita pour s'attarder sur ses courbes. Jamais il ne se lasserait de ce petit plaisir. Sa protégée se redressa et déposa un baiser sur ses lèvres.

— Tu ressembles à un homme de Cro-Magnon, s'exclama-t-elle.

— Et toi, tu as retrouvé ton humour très… humain trop vite, rétorqua-t-il.

Le jeune homme prit un air vexé mais il ne tint pas longtemps et des éclats de rire emplirent la petite pièce. La jeune femme ne put résister et attrapa son bien-aimé. Celui-ci se retrouva tout habillé dans la baignoire. Il ne lui fallut pas longtemps pour se dévêtir. Leurs corps avaient besoin l'un de l'autre. Ils se savonnèrent laissant leur jeu devenir plus sensuel.

Ce soir-là, le couple resta dans la chambre d'hôtel. Ils créaient leur propre monde et ce n'est qu'au petit matin, qu'ils prirent la route. Cette fois, Esther et Elouan ressemblaient à un parfait couple de citadins à une exception prêt… La petite robe émeraude offerte par le jeune homme, faisait scintiller sa protégée.

Le bus leur ouvrit ses portes et leur offrit un ticket, en échange d'un beau sourire. L'extrême urgence de la situation excusait quelque peu ces « laisser passer ».

Les paysages défilaient alors que les passagers montaient et descendaient au grès des haltes. Le terminus se fit en fin de journée. Le couple descendit main dans la main mais ils ne purent réprimer une grimace. L'odeur de la ville les agressait. Le premier hôtel ferait très bien l'affaire. La jeune femme reconnut cette ville. En effet, elle avait eu l'occasion de la visiter avec l'orphelinat. Elle avait l'impression que cela faisait une éternité. Le premier hôtel refusa leur entrée malgré toute la bonne volonté et la persuasion d'Elouan. Rien n'y fit. Le réceptionniste resta intransigeant. C'était comme si la noirceur de la ville avait imprégné tous ses habitants. Ils essayèrent un deuxième hôtel et le refus fut le même. Ils se retrouvèrent planter là, sur le trottoir, la nuit commençait à tomber et avec elle, la pluie. Esther grelottait. Le jeune homme était impuissant. Il n'avait jamais vécu pareille situation. Que se passait-il ? Heureusement, son cœur lui disait de garder espoir. Il prit sa protégée dans ses bras et l'entraîna sous un abri de fortune. Au fond d'une impasse, des gens ricanaient tout en se chamaillant pour le fond d'une bouteille d'alcool.

Un petit bonhomme rondouillard, sorti de nulle part, se posa devant eux :

— Mes petits, votre place n'est pas ici.

Le couple surpris, n'eut pas le temps de répondre.

— Venez, suivez-moi. Là où je vous emmène, on réchauffe les cœurs.

En désespoir de cause, ils suivirent le bonhomme. Il était vif pour son âge et traversait les ruelles d'un pas décidé. Ils s'engouffrèrent dans une bâtisse vétuste. A l'intérieur, ce n'était que chaleur et partage. Cette atmosphère les accueillit dès le paillasson et le couple se détendit.

— Mais Papi… Quelle idée de sortir par un temps pareil ? Tes rhumatismes ne vont pas te laisser tranquille avec toute cette eau, s'exclama une dame. Elle enlaça le papi puis lui enleva son manteau.

— Attends Marie… je sais que tu as beaucoup de travail et que la maison est déjà pleine mais… je ne suis pas venu seul.

Elle nous vit sur le pas de la porte. Cette femme était surchargée de travail. La misère était telle que beaucoup de personnes venaient lui demander son aide. Or son cœur avait beau contenir tout l'amour de la terre entière, elle ne pouvait pas aller au-delà de ses limites. Et pourtant, cette femme n'hésita pas une seule seconde. Marie vint à leur rencontre et les serra fort contre son cœur. Comme une mère aurait pu le faire.

— Ne restez pas là, venez-vous réchauffer vers la cheminée. Avec cette humidité, il faut bien rallumer le chauffage !

Le printemps n'en faisait qu'à sa tête, c'est dire s'il allait pointer le bout de son nez selon elle et la pluie continuait de tomber jour après jour. Le soleil, caché par ses nuages épais et sombres, n'aidait pas à remonter le moral des gens. Esther et Elouan se retrouvèrent au milieu de personnes de tous âges et d'horizons divers. Marie vint avec deux bols de soupe.

— Désolée mes tourtereaux, je ne peux vous offrir que cela.

Son regard s'assombrit un instant. Les temps étaient durs et l'avenir ne promettait rien de bon. Mais cela était une bonne raison pour persévérer et ne pas abandonner. Il valait mieux agir que rester là, à ne rien faire. Le couple s'excusa de profiter ainsi de son hospitalité. Pendant ce temps, le papi s'installa auprès d'eux.

— Oh la la, c'est le ciel qui nous tombe sur la tête, mes enfants. Je vous le dis, nous avons fait quelque chose qui ne Lui a pas plu là-haut. Non de non. Tout en parlant, il avait levé les yeux au Ciel.

Le jeune homme s'arrêta net. Il avait oublié Dieu, tellement préoccupé par sa protégée. Où était-il passé celui-là ? Elouan vouait son existence à la Terre Mère, avec l'aide des Anges Gardiens. Cependant, il devait bien y avoir quelque chose ou quelqu'un, dans le ciel! Il avait dit la dernière phrase à haute voix et le papi renchérit :

— Mais bien sûr mon petit, Dieu nous protège et des milliers d'Anges nous aident à chaque instant.

Un homme se retourna et lui répondit :

— Moi tes Anges, je me les fous là où je pense !!! Non mais… cette soupe est la seule chose que j'ai, avec ma carcasse déglinguée alors le bon Dieu s'il existe, il se fout de nous !

Le papi, malgré ses articulations douloureuses, s'était redressé. Le buste dégagé, il pointa son doigt en direction de l'homme :

— Comment de telles âneries peuvent sortir de ta bouche. Mon pauvre. Avec des paroles comme celles-là, même un chien ne t'approcherait pas. Pff

Il se rassit tout en bougonnant :

— Il y a sûrement une raison… Dieu est très occupé, Il sait ce qu'Il fait. Et puis si personne ne croit plus en rien, où ira le monde ?

L'homme visé, allait riposter de plus belle mais alors qu'il ouvrait la bouche, deux jeunes hommes tapotèrent sur ses épaules et avec des propos bien choisis, ils arrivèrent à le calmer. Esther et Elouan tel des spectateurs, n'avaient dit mot. Les deux jeunes hommes vinrent s'asseoir auprès d'eux. Ils eurent de belles paroles pour le vieil homme et une grande empathie.

— Papi… Tu sais bien qu'il perd la tête celui-là et la faim qui tiraille son ventre n'arrange rien.

Le papi eut un petit sourire. C'était vrai, il avait pris un peu vite la mouche mais ce n'était pas une raison pour blasphémer.

— Je m'appelle Miguel et voici mon compagnon de route Pedro s'exclama le jeune homme à l'attention du couple. Il renchérit :

— Vous, vous êtes des voyageurs égarés, avec une pointe d'ironie.

Esther et Elouan acquiescèrent sans se poser de questions. Marie vint chercher leurs bols vides et déposa deux tranches de lard qu'il lui restait. Elle repartit aussi vite qu'elle fut venue car le devoir l'appelait ailleurs. En effet, au premier étage, il y avait des enfants, pour la plupart orphelins, qui demandaient toute son attention. Ces enfants avaient un sommeil torturé et peuplé de cauchemars. Heureusement, Marie, dont le cœur demeurait assez grand, pour essuyer les larmes, passait une bonne partie de ses soirées à bercer et à chanter dans la nuit. Pour ses enfants, ses paroles apaisantes se transformaient en étoiles lumineuses. La nuit devenait plus douce.

Pedro ne disait mot. Il observait le couple alors que Miguel leur expliquait la vie de Marie. Bien sûr, d'autres personnes étaient là pour l'aider et la décharger un peu mais c'était cette femme qui avait ouvert sa maison et accueillait les gens dans le besoin. Elle se dévouait corps et âme sans rien attendre en retour. Sa maison devint la maison de tous, mais aussi le symbole d'une lumière dans la nuit. Pedro prit enfin la parole. Il ne dit qu'une seule phrase :

— Marie est un Ange sur Terre.

Esther bénit cette femme et lui envoya tout l'amour qu'elle avait. Elle ouvrit son cœur et avec des intentions pures, demanda à la Terre Mère d'offrir à Marie, le plus beau des cadeaux. Ainsi, Marie reçut la protection de la Nature mais son bonheur dépendant aussi des autres, quiconque viendrait dans cette maison serait protégé.

Par ces paroles, Esther changea le cours des événements. Miguel et Pedro ne seraient pas fauchés par une voiture folle ou tués par un voleur à la sauvette.

Le papi rempli de joie et d'allégresse, ne put s'empêcher et prit la main de la jeune femme puis celle de Pedro.

— Allons mes enfants, prions ensemble. Nous n'avons pas besoin d'une église pour cela.

Tout naturellement, Miguel prit la main d'Elouan. C'est ainsi qu'ils prièrent tous ensemble, chacun à sa façon, chacun selon ses croyances. Le vocabulaire différait mais la foi était là, réchauffant les cœurs et faisant davantage vibrer cet Amour Infini.

Quand vint les adieux, le papi fit un clin d'œil au couple et aux deux jeunes hommes, d'un air complice. Il avait partagé bien plus que des paroles, ce soir et les souvenirs de son passé, lui avait offert une occasion d'exprimer son expérience de vie. C'était un bonheur à son âge, que des oreilles attentives l'écoutent et le questionnent ainsi. Il se sentait important et utile comme le vieil arbre qui transmet son savoir à la nouvelle génération. Il ne fallait jamais sous-estimer les racines d'un vieil arbre, c'était de là que résidait sa force.

Miguel et Pedro guidèrent Esther et Elouan vers une petite chambre, sous les toits. Rien de bien luxueux mais au moins, ici, la pluie ne pouvait rentrer. Les heures avaient défilé sans que personne ne s'en rende compte mais à présent, les bâillements devenaient plus insistants et les yeux plus lourds. Ils se souhaitèrent rapidement une bonne nuit. Le hasard faisait que les deux jeunes hommes rencontraient en peu de temps, deux couples dont les énergies étaient lumineuses et à la fois d'une subtile différence. Le couple ferma la porte puis échangea sur la soirée passée. Ce soir, ils avaient eux aussi rencontré des êtres humains d'une intensité d'âmes incroyable dont un ange terrestre. D'un côté, la ville noire et lugubre contrastait avec ces humains magnifiquement beaux dont la vie n'était qu'espoir, partage et amour. Le monde changeait comme eux avaient changé. Cette prise de conscience s'accélérait à présent, mais il y avait toujours cet équilibre qui faisait que de l'ombre naissait la lumière. D'ailleurs, ils ne pouvaient pas encore mesurer leur impact sur ce monde et c'est ainsi que blotti l'un contre l'autre, leurs yeux se fermèrent, la fatigue ayant raison à la fois de leur émerveillement et de leurs incertitudes quant à l'avenir.

**

Les deux Anges déchus ne l'étaient plus d'une certaine façon. Petit à petit, ils avaient retrouvé plume après plume, leurs ailes. Mais ils n'étaient pas non plus des Anges terrestres. Finalement, cela importait peu de savoir ce qu'ils étaient devenus. Un sentiment perdurait : celui d'être à la bonne place. En effet, le couple ressentait ce sentiment d'apaisement et de plénitude. Il n'y avait rien à enlever, rien à ajouter. Leur chemin se terminait là où il aurait toujours dû s'arrêter. Ce Nouveau Monde les accueillit et les instruisit. En échange, leurs connaissances permettaient à l'immense puzzle de la vie de se construire. Les différentes strates commençaient à s'estomper. Le Haut et le Bas. Les Anges Célestes et les Anges Terrestres. Le Ciel et la Terre. Les Lois Universelles pouvaient-elles être transmutées où était-ce un mirage que de croire en la dualité de la Vie ? Tout était compliqué et pourtant si simple vu de l'Univers. Il fallait lâcher prise.

*

Esther et Elouan se réveillèrent pratiquement en même temps, enfin presque car Elouan prenait beaucoup de plaisir, à regarder sa bien-aimée dormir. Il avait ainsi pris pour habitude de rester un peu plus longtemps au lit et attendre que celle-ci ouvre un œil. Ces petits plaisirs étaient auparavant absents de sa vie alors il goûtait à ces moments si précieux. Le couple put faire une toilette sommaire avec un peu d'eau mise à disposition dans une cruche et une serviette posée sur une chaise. Lorsque le couple descendit, une bonne odeur de lard grillé leur indiqua le chemin. Marie était aux fourneaux, elle chantait gaiement alors que Miguel et Pedro parlaient vivement. Marie les aperçut et leur fit signe de s'asseoir. Deux bols les attendaient ainsi que du pain et de la confiture. Ce geste leur fit chaud au cœur. La maîtresse de maison déposa du lard et des œufs sur la table.

— Dépêchez-vous de vous servir, ces deux-là auront vite fait de tout dévorer, s'exclama-t-elle. Puis Marie s'assit et prit le temps de discuter avec toute la tablée. A certains moments, ils étaient interrompus par le passage intempestif d'un enfant qui chipait une tartine et la bouche pleine, disait au revoir pour ensuite filer dans les rues. A chaque passage, elle s'écriait :

— Oust garnement et que je ne te vois plus traîner ici !

En fait, c'était sa façon à elle de leur souhaiter une journée un peu plus agréable que celle de la veille. Marie savait qu'elle aurait à leur essuyer la moustache et à les border le soir venu. Même ceux qui commençaient à être grands, venaient la voir. Cette femme se débrouillait tant bien que mal pour joindre les deux bouts mais qu'importaient ces soucis financiers. La vie avançait et les jours qui défilaient, apportaient son lot de complications mais aussi de petits bonheurs. Sa vie avait un sens…Marie lui avait donné le sens qu'elle avait toujours voulu ainsi le soir lorsqu'elle priait avant d'aller dormir, Marie ne demandait rien sauf de continuer à ouvrir sa maison et son cœur. Sa maison, elle l'appelait la maison des rires et des larmes parce que les rires résonnaient de toute part le soir au coin du feu…des vieux et des moins vieux, des jeunes et des moins jeunes, des égarés et des désespérés et elle les entendait aussi pleurer en cachette parce qu'ils ne leur restaient que leur dignité. Ces regards qui en disaient plus long que les paroles, Marie pouvait les reconnaître entre mille. Il y avait des larmes de désespoir, des larmes enfantines cherchant des bras réconfortants, des sanglots ridés qui avaient perdu tout espoir d'une vie digne de ce nom ou du moins, une mort décente. Marie, elle leur rendait cette dignité ainsi que de l'Amour sans concessions. Ses bras en avaient serré des petites frimousses et mouché des nez mais son plus fidèle pensionnaire et ami n'était autre que le vieil homme. C'était le premier à qui elle avait ouvert la porte et depuis, elle ne l'avait jamais refermée. Il était aussi son confident et son soleil quand elle doutait parfois. Miguel et Pedro, ces deux-là… avaient échoué plus tard dans sa demeure. Ils étaient rentrés dans sa vie lui apportant une joie immense. Ces deux jeunes hommes étaient comme ses enfants qu'elle n'avait pas eues. Miguel demanda au couple ce qu'ils allaient faire ensuite.

— Nous cherchons d'abord des réponses à nos questions. Nous partirons après, annonça Elouan, quelque peu hésitant.

Miguel se pencha davantage puis murmura, l'œil mystérieux :

— Vous cherchez peut-être comment fonctionne le monde ? Le Haut et le Bas… Le Bien et le Mal ?

— Ne dérange pas mes invités Miguel. Regarde-les… Ils se suffisent à eux-mêmes et toi tu arrives avec tes gros souliers, rétorqua Marie.

Esther et Elouan n'eurent pas le temps de répondre.

Miguel haussa les sourcils puis les épaules.

— Pff, je n'allais pas les laisser tourner en rond et chercher une éternité ! Regarde-moi çà dans dix ans, nous y sommes encore, répondit Miguel d'un air amusé.

Il ne put continuer car il partit dans un fou rire interminable.

Pedro plus discret s'excusa de l'attitude puérile de son compagnon. Miguel était quelque peu brut dans ses propos mais sans aucune arrière-pensée malsaine.

L'allégresse l'emporta et ils éclatèrent tous de rire.

— Je vous remercie pour l'hospitalité et jamais nous n'oublierons votre geste mais notre venue doit servir un seul but et celui-ci ne nous offre que quelques moments de plaisir, dit Elouan.

Marie posa sa main sur lui et le regarda droit dans les yeux :

— Nous non plus mon enfant mais la vie ici-bas est bien trop sombre pour ne pas la prendre à la légère de temps en temps et prendre justement un peu de ce temps si précieux… Maintenant, poursuivit-elle, le monde change et certains veulent changer les Lois Universelles… Le Mal profite du pessimisme des Hommes et s'infiltre partout et cela s'accélère.

Un silence régnait à présent, dans la cuisine.

Esther prit la parole :

— Nous sommes désolés d'être aussi avare sur notre situation mais nous ne sommes pas en sécurité ici-bas et le fait que nous vous côtoyons, vous entraîne malgré vous dans une histoire qui dépasse de loin votre univers. Nous n'avons jamais ressenti une telle violence. Heureusement, des personnes comme vous, œuvrent pour rétablir l'équilibre… mais à quel prix ?

— Le prix à payer n'a aucune importance car je veux vivre moi et dans un monde libre. A quoi bon survivre sinon, s'était écrié Miguel

— D'autres phénomènes se produisent… Heureusement ! dit Pedro

Elouan demanda justement à Pedro de lui parler de ces phénomènes.

— Nous croisons… hum, des êtres différents. Pedro fît une pause, scrutant une réaction de la part du couple puis, il reprit :

— Des êtres comme vous qui réchauffe le corps et l'esprit rien qu'en restant à côté et puis vos yeux… Il suffit d'être attentif et c'est tout l'Univers qui se reflète en eux. Nous en avons aussi croisé d'autres avec une énergie magnifique. Pedro hésita :

— Il y aussi des choses incroyables qui se produisent comme des sortes d'étincelles vert turquoise !

— Pff… là, tu divagues Pedro. C'est le ciel qui t'est tombé sur la tête, s'exclama Miguel

— Ah oui et que dis-tu des végétaux qui murmurent, surtout les arbres. Marie les a entendus aussi.

Esther ébahie par la tournure que prenait la conversation, ne pouvait contenir sa joie.

— Tu vois Elouan…Depuis hier soir, j'avais un pressentiment ! Et le vieil homme aussi peut voir et ressentir au-delà des apparences. C'est incroyable les humains évoluent plus vite que prévu !

— Peut-être Esther mais si tel est le cas, cela entraînera des conséquences… et l'avenir s'en verra transformé, murmura le jeune homme

Marie mit fin à la conversation :

— Nous ne voulons rien savoir de vous. Nous avons choisi d'être ici et d'agir tant bien que mal selon nos propres valeurs. Votre chemin a croisé le nôtre car vous aviez besoin d'aide. En échange, vous nous avez offert bien plus, en renforçant notre foi. Qui que vous soyez importe peu…Vous agissez par Amour, en cela nous sommes semblables. Et en cela je crois.

Miguel et Pedro acquiescèrent.

C'est sur le pas de la porte que tout le monde s'embrassa. Le couple emprunta la rue menant au plus grand parc de la ville, là où les murmures des arbres se faisaient entendre.

Grâce à la maîtresse de maison, l'inquiétude à propos de ses humains s'était un peu dissipée. Elouan avait pris conscience qu'il n'était pas responsable d'eux. Leur choix avait été mûrement décidé. Avant de partir, il leur murmura comme pour dire un secret :

— Nous faisons partie de la Terre Mère et comme des Anges gardiens, nous veillons sur Elle.

Esther et Elouan laissèrent sur le pas de la porte, deux hommes fidèles au poste mais le cœur plus confiant et une foi indestructible et Marie, chère Marie, le cœur immense et la prière au bord des lèvres. Cette fois-ci, pourtant, sa prière sera adressée à la Terre Mère ainsi qu'à toutes les créatures rattachées de près ou de loin à elle.

Le couple traversa la ville en une journée. Ils prirent leur temps car ils voulaient comprendre pourquoi l'équilibre était rompu. Partout, les sentiments agressifs étaient exacerbés partout sauf au parc. Quel ne fut pas leur bonheur de découvrir ce havre de paix. Un parc immense où ils purent marcher pieds nus et se ressourcer. Au détour, d'un arbre, ils virent un être étrange, assis sur un banc. Esther s'approcha malgré les recommandations de son protecteur. Elle le vit avec ses grandes ailes déployées mais il était complètement recroquevillé sur lui-même, la tête dans les épaules et le dos voûté. L'homme redressa la tête quand il entendit les pas de la jeune femme. Son regard ne semblait pas agressif bien que l'homme était tout de noir vêtu. Esther s'assit sur le banc à côté de lui. Elle vit que l'homme tenait des plumes entre ses mains. Il se mit à pleurer :

— Je ne suis plus rien…Ni ange ni homme, murmura-t-il.

— Si je vous vois et que je vous parle, c'est que vous êtes vivant, lui répondit-elle

— Elles tombent toutes mes plumes et depuis, je n'arrête pas de penser…

— C'est bien de penser, c'est le propre de l'Homme. Vous êtes donc bien présent !

— Vous avez peut-être raison mais alors… qu'est-ce que je fais là ?

— Vous m'attendiez peut-être, rigola-t-elle.

Son rire eut pour effet d'illuminer le cœur de l'Ange déchu. Celui-ci eut un sursaut, comme un électrochoc puis il se souvint de sa vie d'Homme et émit un son. Puis un autre et petit à petit, cela se transforma en un rire puissant et libérateur. Il avait retrouvé en lui des ressources enfouies au plus profond de son être. Puis, il lui prit les mains. Elle n'eut pas peur.

— Vous savez que vous êtes belle… Vous êtes vert turquoise à l'intérieur. Votre cœur bat et s'illumine de vert avec une petite touche de turquoise.

— Non, je ne savais pas. Mais j'apprends beaucoup en ce moment et plus rien ne me surprend.

— Mais vous avez autre chose… Vous n'êtes pas comme l'autre derrière moi.

Esther jeta un coup d'œil à son protecteur.

— Vous avez un peu de Nous.

— Qui Nous ? demanda la jeune femme, innocemment.

— Nous… les Anges Célestes.

Alors elle avait enfin rencontré un Ange venu du Ciel mais quelle drôle de personne. Esther restait perplexe. Elle dut cependant abréger leur conversation. Il était temps de partir.

Avant de s'en aller, la jeune femme posa sa main sur le bras de l'Ange et lui dit sur le coup de l'impulsion :

— Ne vous inquiétez pas pour vos plumes, elles vont repousser et vos ailes ne seront pas noires mais luminescentes.

Sur ces paroles, elle alla rejoindre Elouan. L'Ange déchu la regarda partir. Une joie immense naissait là dans sa poitrine. Baissant le regard à l'endroit où la jeune femme avait posé sa main… il vit une trace verte qui commençait à se diffuser sur sa peau. L'Ange déchu se leva. Il marcha quelques pas et leva la tête et ce qu'il entendit le submergea. Ses pensées s'envolèrent avec le murmure des arbres et le souffle du vent. La Nature profonde et si parfaite se dévoilait à lui, laissant entrevoir un monde nouveau. A la sortie du parc, ses ailes noires n'étaient plus. Un homme beau et lumineux avait fait place. Il connaissait à présent sa mission de vie. Il voulait partager tout cela.

De son côté, Elouan restait admiratif. L'empathie d'Esther était bien plus supérieure à la sienne surtout envers les humains et alors que la solution se laissait attendre, le couple s'enlaça avec amour. Ils virent des gouttes tomber du ciel, comme des étincelles, tout autour d'eux. Les gouttes se transformèrent en lucioles, le paysage se modifia et avec lui, la lumière. Ils se retrouvèrent en fœtus au milieu d'une végétation luxuriante. Elouan frétillait comme un enfant.

— Nous y sommes, nous sommes chez nous Esther.

Il la prit et la souleva dans les airs pour la faire tournoyer. Puis il l'embrassa fougueusement.

— Viens, je vais enfin pouvoir te présenter notre famille, s'exclama le jeune homme

En disant cela, il était loin d'imaginer à quel point ses propos étaient vrais.

***

Des bruits de couloir s'amplifiaient. Les Anges noirs murmuraient entre eux. Une faille béante s'était ouverte et Dieu dépassé par les évènements ne contrôlait plus rien, que ce soit sur la Terre mais aussi dans ses troupes. Chaque mission décimait l'effectif de ses Anges Noirs et même si le chaos régnait partout sur la Terre, Il devait se faire une raison. L'Homme habité par une foi inébranlable et un Amour inconditionnel, se suffisait à lui-même. Il avait enfin compris que tout était à l'intérieur de lui. *Un maître pouvait enseigner des clés et guider sur la voie mais en laissant à son élève toute l'autonomie nécessaire à son épanouissement.*

Dieu, secondé par ses troupes, essayait de les influencer, utilisant des images chocs et des paroles pour susciter la peur en eux. Ainsi les télévisions du monde entier propageaient des images de guerre, d'assassinats, de dérèglement climatique et de catastrophes naturelles. Les commentaires se faisaient dramatiques et les mots résonnaient comme une fatalité... Peur, misère, agonie, souffrance, colère, haine. Oui tout cela existait mais la peur engendrait la peur alors que des individus dans le monde entier, se dressaient amoureusement face à cela. Ils avaient pris conscience que la Vie était plus importante. Rien ne pouvait renaître sur une

Terre hostile. Le Tout-Puissant ripostait avec encore plus de haine et de colère mais cette lumière dans le cœur des Hommes ne cessait de croître et de se propager. Pire encore, cela se retournait contre Lui. Dieu, le Tout-puissant, assis sur son siège, fulminait.

Quelqu'un frappa.

— Entre

C'était son plus fidèle Gardien. Celui-ci abordait un sourire radieux. Dieu se redressa. Les nouvelles étaient bonnes.

— Parle voyons.
— Nos troupes d'Anges sont toujours aussi disséminées mais nous savons d'où cela provient.

Le Tout-Puissant grogna de plaisir. Enfin il allait agir efficacement.
— Depuis le début, nous nous sommes acharnés à retrouver les deux Anges déchus mais il existe une autre personne et c'est elle la source de tous nos problèmes.
— Qui pourrait remettre en cause l'Ordre Mondial et Me défier, rugit-il
— Une jeune femme.

Dieu éclata de rire.

— Tu te fous de moi ?! Je n'ai pas le temps de
t'écouter me raconter des conneries.

— Sauf qu'elle est différente et…

Dieu fronça les sourcils, attendant la suite.

— Nous ne sommes pas sûrs mais toutes les mémoires
de nos Anges concordent. Certains parlent d'une humaine
lumineuse, d'autres d'un Ange céleste.

— Impossible que ce soit un Ange de chez nous. Son
âme serait inscrite dans notre bibliothèque, s'exclama-t-il

— L'Archange Gabriel est en train de vérifier… mais il
est incompréhensible que les témoignages soient aussi flous.
C'est comme si elle était Tout à la fois.

— Comment cela Tout ?! … Il n'y a que moi qui suis
Tout…Tout puissant, cracha Dieu puis Il lui ordonna de
vérifier par lui-même les registres. Rien ne devait leur
échapper.

Chapitre V

Un sanctuaire se dévoilait devant eux.

— Où sommes-nous Elouan ? J'ai l'impression de connaître ce lieu et pourtant…

Esther était songeuse. Le jeune homme lui prit la main :

— Ma mission est terminée, Esther. A présent, je vais te présenter à la Déesse. Tu auras toutes les explications que tu souhaites.

La jeune femme rentra seule dans un couloir éclairé par des lucioles. Ses yeux mirent un peu de temps pour s'habituer à la pénombre. Lorsqu'elle arriva au bout, un espace s'ouvrit et une myriade d'oiseaux l'accueillit. Ils ne s'envolèrent pas mais continuèrent tranquillement leur vie. Des gazouillements de bébé se firent entendre puis une voix douce l'invita à s'approcher du bassin. Lorsque la jeune femme arriva à sa hauteur, elle posa sa main sur la pierre froide et la mousse humide. L'eau iridescente s'anima puis l'image d'un bébé apparût. C'était une petite fille avec un sourire d'ange mais des branchements parcouraient son petit corps et un liquide vert entrait en elle. Esther ne put s'empêcher de pleurer, des larmes vertes qui vinrent troubler cette vision. La jeune femme ne sursauta pas lorsqu'une main se posa sur son épaule.

— Ne pleure pas mon enfant.

Elle se retourna vers la voix et la vit. C'était un être majestueux et son regard vert turquoise était rempli d'amour. Ce n'était pas une main qui s'était posée sur elle mais une volute d'énergie. Cet être se matérialisait pour aider Esther, à la voir or elle l'avait déjà senti à plusieurs reprises, au cours de sa vie. La présence de cet être lui touchait le cœur et la remplissait d'Amour à chaque fois.

— Tu en avais tant besoin petite étoile…
— Vous êtes ma mère, murmura la jeune femme
— D'une certaine façon oui mais je suis aussi la Mère de toute espèce vivante ici-bas, comme beaucoup d'autres dans l'Univers. Ta chair et ton sang t'ont été offerts par d'autres personnes. Cependant, nous avons cela en commun, avec tes parents. Un Amour Inconditionnel.

Esther se laissait bercer par ses paroles et son cœur vibrait si fort. L'être lui caressa la joue.

— La force que tu as en toi, t'a permis de surmonter tout ce que tu as vécu jusque-là. L'expérience humaine n'est pas facile mais tu devais la vivre pour apprendre et comprendre ton être profond. Tu es en partie humaine… Chut, apaise ton mental. Écoute-moi, tu n'as jamais été seule et tu ne le seras jamais. Elouan t'accompagne merveilleusement bien. Sa venue parmi nous n'a pas été le fruit du hasard mais ce choix est un cadeau que l'Univers vous a offert. Votre destin s'est croisé pour se lier au-delà du matériel. Seulement tu dois savoir qu'en faisant un tel choix pour vous deux, j'ai délibérément enfreint une loi Universelle.

Le silence se fit puis elle reprit la parole. Sa voix était plus grave et plus profonde :

— Cette loi s'appelle le libre arbitre et les conséquences de mes actes même s'ils ne sont qu'Amour, vont changer le monde.

Le Temps n'existait plus et Esther reçut bien plus que des réponses. A la sortie du couloir, un ciel étoilé l'accueillit. Elle respira longuement et le nez en l'air, s'attarda sur les étoiles. La jeune femme se remémorait toutes les paroles de l'être. Les étoiles faisaient partie des révélations que la jeune femme avait reçues. Ce ciel voûté qui les entourait et les guidait toutes les nuits, faisait bien plus qu'éclairer leurs âmes. Ses rêveries furent interrompues par les lucioles qui émettaient un son assez étrange. La jeune femme les suivit à travers la végétation. Celles-ci la conduisirent jusqu'à une colline surplombant un village. En se rapprochant, elle vit qu'il s'agissait d'une multitude de temples. De l'eau iridescente pareille à celle du sanctuaire, coulait de fontaines en bassins. Tout ceci se mélangeait harmonieusement. Esther emprunta un pont qui l'amena au centre d'une place. De là, une incroyable énergie prenait sa source. Tout n'était que vibration. La jeune femme tendit les mains pour la capter. Magnifique... Magique... !

— Si tu restes trop longtemps ici, tu risques de te transformer en fleur, en arbre ou pourquoi pas en gnome, lui susurra Elouan. Elle sursauta puis se retourna. Esther affichait son plus beau sourire, tout en faisant mine de le menacer avec son index pointé en direction de lui.

— Et toi... Oui TOI, tu m'as menti !!! Tout le long du chemin tu savais et tu ne m'as rien dit.

— Ne hausse pas les épaules comme cela. Pour notre bien, je n'étais au courant que de l'essentiel. C'est-à-dire Toi, Esther, une jeune femme avec un sacré caractère qui devait recevoir l'initiation, à la fois par la Nature et par un autre humain, en l'occurrence moi. Je te promets, je t'ai dit tout ce que je savais.

Esther lui tourna le dos, elle n'était pas fâchée mais d'humeur taquine. La jeune femme allait répliquer mais ce qu'elle aperçut la laissa bouche bée. Son premier réflexe fut de courir en direction de son apparition.

Le jeune homme courut à ses trousses. Que lui était-il encore passé par la tête ? Il la retrouva à l'entrée d'un temple. Celle-ci n'osait pas rentrer.

— Mais qu'est-ce que tu fais ?

— Chut parle plus doucement…, murmura-t-elle.

— Mais dis-moi bon sang.

— J'ai vu deux personnes. Elles sont à l'intérieur maintenant.

— Évidemment, des personnes vivent ici et bien plus que tu ne peux l'imaginer. D'ailleurs, tu déranges le gardien de ces lieux, pouffa Elouan.

Sa protégée fit un bond sur le côté. Il fallut qu'elle plisse le front et fasse un effort surhumain pour apercevoir une onde vers le mur. Le jeune homme pouffait toujours.

— Heureusement qu'il n'est pas rancunier sinon tu aurais du souci à te faire.

— Je suis confuse. Mille excuses, j'étais tellement pressée…, s'empressa de dire Esther. Elle n'eut aucune réponse mais Elouan lui fit signe de rentrer. Ce temple était le temple du Temps : Passé, Présent, Futur.

— Ne t'inquiète pas…il faut un peu de temps justement pour voir mais essaie de ne pas succomber trop violemment à tes émotions car tu passes à côté de l'essentiel.

Sa protégée rétorqua :

— Il faudrait peut-être me faire un résumé ou une synthèse de toutes les créatures et autres. Heu enfin tout ce que je pourrais croiser à l'avenir.

— Tu n'as pas besoin de cela. Tu vas devoir apprendre très vite, à te fier à ton cœur et ton intuition dans ce monde-là. Il y a encore quelque temps tu pensais n'être « rien » et regarde qui tu es à présent ! Les limites n'existent que parce que tu les as créées. Ta fougue et ton énergie t'aideront mais tu dois équilibrer cela. Maintenant, prend place.

— Nous t'attendions, lui dit une créature d'un âge certain.

Esther s'assit en face des personnes qu'elle avait entr'aperçues quelques instants plus tôt. La jeune femme ne pouvait détourner son regard du couple. La créature qui avait parlé d'une voix caverneuse ressemblait à un humain mais sa peau était comme l'écorce d'un arbre. Ses cheveux et sa barbe abritaient des brindilles et de la mousse. L'odeur d'humus venait sûrement de cette créature.

— Elouan, tu peux rester et prendre place. Ta mission est terminée mais tes liens avec cette jeune femme, sont si profonds qu'ils montrent à quel point vous êtes l'un et l'autre inséparables.

— Merci Oh Maître. Cela a été un honneur, répondit le jeune homme puis il s'assit auprès de sa protégée.

— Maintenant, nous pouvons commencer…Sinon je sens que cette jeune femme va bientôt exploser tellement son corps et sa tête sont en effervescence, s'exclama le maître

Tout le monde éclata de rire et ce fut la femme qui leva enfin le voile en regardant avec amour la jeune femme :

— Esther, nous n'aurions pu espérer vivre ce moment. Cela a été un choc pour nous, alors je souhaite de tout mon cœur, que tout se passe merveilleusement bien. Nous avons tellement de temps à rattraper. La femme jeta un coup d'œil en direction du Maître. Celui-ci poursuivit :

— Le Temps est venu que ces âmes se retrouvent enfin. Tu as, jeune fille, tes parents devant toi. Ceux qui t'ont offert ce corps fait de chair et de sang. Avant que tu exprimes tes pensées, il faut que tu écoutes leur histoire. Tu dois prendre conscience de leurs actes et de ta propre Vie. Ensuite, tu seras libre de choisir…

C'est ainsi que le couple décrivit leur rencontre, la mort, la place de Dieu, les Anges et sa naissance. Puis le Maître parla au nom de la Terre Mère. Le lien qu'elle avait avec la Nature, les éléments, l'Univers. Elouan découvrit en même temps l'incroyable destin de ce couple et un monde qu'il ne connaissait pas, celui des Cieux. Ces Anges déchus avaient offert à sa protégée une part Divine et lorsqu'il prit la parole pour expliquer son rôle, le jeune homme se rendit compte qu'il avait été le lien entre son expérience humaine à l'orphelinat, son initiation par la Nature et bien plus encore.

Le temple qui les accueillait aspirait toutes les paroles. Passé, Présent, Futur se mélangeaient. Dehors la lumière déclinait. De quel soleil s'agissait-il ? Peu importait. Lorsque les cœurs eurent fini de se libérer… Le silence se fit.

Les Anges déchus n'osaient pas bouger et pourtant ils mourraient d'envie de rejoindre leur fille et la prendre dans leurs bras. Ils devaient la respecter et la laisser digérer tout ceci. La jeune femme qui n'avait eût aucune réaction, se mit à pleurer. Tout son corps était secoué de spasmes. Son corps n'avait pas explosé mais c'était tout comme. Ses parents ne purent attendre plus longtemps et ils se levèrent pour l'enlacer fortement. Le jeune homme et le Maître restaient spectateurs pour ne pas interférer en cet instant. L'Ange déchu prit le visage d'Esther entre ses mains :

— Ma petite fille, j'ai appris ton existence, il y a peu. Nous avons perdu ton père et moi toutes tes premières années mais le plus important c'est que tu sois vivante.

La jeune femme afficha un grand sourire radieux :

— Jamais je ne pourrais vous en vouloir. Je suis si heureuse car vos paroles et votre affection effacent en moi un vide que je n'arrivais pas à combler. Je suis enfin vivante et grâce à vous mes parents.

Les deux femmes se tenaient les mains. Son père, à côté d'elles, avait les larmes aux yeux. Il s'était vu perdu, toutes ces années et là, en une fraction de seconde, il avait retrouvé un bonheur immense. Il se tourna vers Elouan puis vers le Maître :

— Merci d'avoir pris soin de notre petite.

Le Maître fit un geste de la main puis il se leva :

— Il est temps pour moi de me reconnecter. Vos émotions sont très invasives.

Sur ces mots, il s'en alla.

— Un peu brut le Maître, s'exclama le jeune homme et tout le monde éclata de rire.

La soirée passa vite et personne ne voulait se quitter. Esther comprit son obsession pour les Anges. Ce soir-là, elle n'eut pas envie de penser à son rôle dans l'Univers et ne demanda pas non plus qui elle était vraiment. Seul son bien-être et celui de sa famille comptaient à ce moment-là.

Son protecteur quant à lui restait émerveillé. Sa protégée ne se rendait pas compte mais Esther était née d'une mère humaine et d'un Ange puis nourrie par la Terre Mère. Incroyable mais vrai… Dans son sang coulait la vie de trois énergies différentes. Le jeune homme n'avait aucune explication à cela et personne ici n'en avait. Il était là, à regarder sa bien-aimée si épanouie. Elle qui avait toujours souhaité retrouver ses parents. Son vœu le plus cher se réalisait.

La directrice de l'orphelinat répétait sans cesse qu'ils étaient abandonnés sans passé et sans famille. La solitude leur étouffait le cœur mais son cœur à elle lui disait tout le contraire. Or aucun être ne demeurait seul dans ce bas monde. Dans les coins les plus reculés, même là-bas brillait cette lueur infinie, celle de l'âme. La Terre Mère nous avait offert le bien le plus précieux et l'Univers l'avait rendue immortelle. Nos actes et nos pensées influençaient notre environnement, mais bien au-delà des grands immeubles, du brouillard, des rivières et des montagnes. La vie quotidienne était-elle si accablante que l'on ne puisse voir à la fois l'horreur et la beauté humaine ? La souffrance ne devrait pas exister et pourtant elle était partout, celle qui nous faisait fermer les yeux ou changer de trottoir face à la misère. Le fruit de l'Homme. Que faisait-il d'ailleurs aujourd'hui ? Les individus avaient peu de respect envers les autres et envers eux-mêmes. Lorsque nous nous aimons sincèrement, nous sommes incapables d'actes barbares et cruels envers autrui et envers la Nature. Comment l'Homme pouvait-il agir au détriment de sa conscience. Si le règne animal et végétal se situait au-dessous de lui alors comment pouvait-il être respectueux ?

Esther effleura de sa main l'eau sortant d'un bassin. Elle avait laissé ses parents et son bien-aimé pour reprendre son souffle. Perdue dans ses pensées, elle n'entendit pas un gardien s'installer juste en face.

— Il ne doit y avoir aucun jugement car nos actes ne sont pas jugeables. Qui détient la Vérité ? Nos cœurs ne sont pas aussi grands. Nous ne sommes que des voyageurs et des intermédiaires. Nous recevons et expérimentons.

La jeune femme leva les yeux et vit son interlocuteur. Il était beau, visible entre deux mondes. Ses yeux verts profonds embrassaient le Tout. Le gardien de ce lieu, lui sourit.

— J'apprends encore et encore mais je n'arrive pas à m'enlever de la tête que l'Homme est cruel et égoïste, répondit-elle

— Lorsque tu dis cela, tu dénigres aussi une part de toi

— Parce que je suis en partie humaine…

— Non parce que tu fais partie de l'Univers. Moi-même je suis un Ange Gardien. Je ne suis pas humain mais je fais partie de tout ce qui m'entoure et vibre. Par conséquent, ce qui arrive à l'Homme me touche aussi. Je peux dire la même chose de l'arbre derrière toi ainsi que de l'eau que tu étais en train de toucher. Esther, tu dois t'ouvrir entièrement. Tu as trouvé ta famille et cela est bien pour ton cœur et ton être mais tu ne te résumes pas à quelques personnes, si importantes soient-elles.

— Je sais cela… La jeune femme ne put terminer.

— Non tu ne sais rien. Regarde-moi, tu touches l'eau et ta tête est pleine de pensées. Si tu savais, tu arrêterais de déranger cette eau et tu profiterais un peu plus d'Elle car Elle s'offre à toi et tu ne ressens rien.

Le silence se fit.

La jeune femme se sentait confuse. C'est comme si les leçons qu'elle avait reçues de la Nature n'avaient servi à rien. Et puis, la jeune femme se dit que se culpabiliser n'arrangerait rien, du coup, elle respira plusieurs fois pour calmer son mental. Les yeux clos, en position du lotus, Esther se laissa aller à la douceur environnante. Plus profondément, encore et encore jusqu'à ce que son corps n'existe plus et devienne pure énergie. Elle ne percevait pas le chant des oiseaux, elle était dedans. Elle n'entendait pas les rires et les murmures au loin mais vibrait en eux.

— Tu n'as pas besoin d'édifices pour avoir la foi, lui murmura un esprit de la forêt.

— Tout le monde peut te dire quoi faire mais la clé est en toi. Seul un guide peut cheminer avec toi tout en te laissant ta liberté, lui dit un oiseau.

— C'est vrai…chaque être a ses propres clés pour s'éveiller, s'exclama un bel arbre.

— C'est un beau cadeau de l'Univers, poursuivit-il

A mesure que la jeune femme était transcendée par l'Amour Divin, les dernières résistances s'envolaient. Sa vie était faite d'obstacles et de peurs mais dans ce lieu sacré, la jeune femme accomplissait son ultime voyage. Le monde s'ouvrait sur des mondes.

Tous les Anges Gardiens, les Gardiens des Temples, les élémentaux, les animaux et tous êtres vibrants sans oublier les grands Maîtres de ces lieux ainsi que les Anges déchus et Elouan s'étaient regroupés autour du corps d'Esther. Ils lui apportaient leur force vitale.

La jeune femme était étendue à même le sol. Son cœur avait cessé de battre. Elle faisait UN avec l'Univers. L'eau iridescente du bassin se mit à déborder puis s'écouler autour de son corps. La Terre Mère était présente. Elle enlaçait son enfant d'un voile transparent jusqu'à ce que son cœur se remette à battre. Celui-ci s'était uni au cœur de la Terre. Esther ouvrit les yeux et ils lui apparurent tous. Ses yeux voyaient enfin. Un petit être de la forêt vint virevolter autour d'elle :

— Il était temps, nous avions tout essayé pour attirer ton attention !

L'Ange déchu prit la main de son compagnon. La transformation de sa fille était spectaculaire. Cela la dépassait mais sa foi l'aidait à espérer un monde meilleur. Sa fille devenait le symbole d'une ère nouvelle. Un dépassement au-delà des Lois Universelles. Esther apportait la preuve d'une union possible et salvatrice entre les espèces. Le jeune homme attendit que la foule se disperse pour s'avancer. Sa bien-aimée vint à sa rencontre et se blottit dans ses bras.

— Le monde est magnifique. Tout est si intense.

Elouan la serra plus fort encore.

— Je n'ai pas tes capacités mais j'ai la foi et l'espoir, ce qui me suffit pour te suivre où tu veux, puis ils s'en allèrent rejoindre ses parents.

Les jours passèrent et la jeune femme s'émerveillait de tout. Elle passait beaucoup de temps avec les grands Maîtres, créatures et arbres majestueux ainsi que les esprits de la forêt. Tous les plans énergétiques lui étaient accessibles. Les pierres qu'Esther rencontrait sur son chemin n'étaient pas des obstacles mais des pierres qui, une fois empilées formaient un temple. Dans ce temple, elle déposa des graines de Vie pour son avancement, son bien-être et sa quiétude. Certaines poussaient déjà comme l'Amour, la Joie et la Lumière. Ses dons s'amplifièrent dans ces lieux et avec l'aide des Gardiens des Temples, la jeune femme apprit à se déplacer entre les mondes. Alors qu'elle avait suivi les leçons de la Nature sur Terre, les esprits présents ici lui apprirent leur propre loi avec leur propre énergie.

Chaque monde avait sa propre approche énergétique. Le langage des oiseaux restait cependant identique et elle put échanger avec eux. Les plantes ici, se livraient non pas comme des formes, des couleurs ou des senteurs comme les végétaux le sont sur Terre mais comme une multitude de cellules, qui une fois ensemble, formaient un pétale ou une feuille. Ses sens ne se limitaient plus.

Esther passait aussi du temps avec ses parents. A travers eux, c'était le monde céleste qui s'ouvrait. Elle admirait leurs ailes et leurs reflets dorés. Leurs cœurs palpitaient et projetaient des étincelles tout autour d'eux. Ils avaient dans leurs regards le ciel et les nuages tout entiers. Même leurs démarches étaient flottantes et elle s'aperçut que leur énergie passait par le cœur et se reliait à leurs mains. La jeune femme eut une vision de la Vierge Marie, les paumes des mains en direction du monde. A l'opposé, les grands Maîtres s'enfonçaient dans la Terre. Leur peau formait une écorce et leur voix grave influençait les êtres sur tous les chakras du bas provoquant un enracinement par les pieds.

Le soir, dans l'intimité de leur cocon, Elouan écoutait sa protégée lui décrire ses sensations et les perceptions de sa journée. Bien qu'il soit avancé, ses yeux n'étaient qu'à demi ouverts or cela était bien assez suffisant pour son cœur d'homme et pour sa mission de Vie. Esther riait avec son protecteur car même s'ils vivaient des expériences différentes, ils en avaient une en commun et ils en étaient comblés. Faire l'amour avec sa compagne offrait au jeune homme une entrevue avec les Cieux. Un soir, enlacés, Esther lui raconta les cauchemars qu'elle faisait lorsqu'ils étaient sur la route.

— J'étais tétanisée par ces cauchemars car j'avais peur de te perdre mais je me suis rendu compte que ce n'était pas ma réalité. Ce n'était que des peurs humaines et irraisonnées. Je peux influencer le cours des événements, lui révéla la jeune femme avec un beau sourire.

— Les peurs dirigent les Hommes sans qu'ils s'en aperçoivent. Il réfléchit un instant puis rajouta :

— Je pense que ta part angélique a pris le dessus laissant voir les mécanismes du cœur et puis tu as raison une bataille ne peut pas se faire car la Nature est création et destruction dans un but bien précis et un équilibre parfait.

— La menace ne viendrait pas de là, mais de là-Haut

— Oui, mais c'est à l'Homme de prendre ses responsabilités. Il faut qu'il abandonne ces peurs pour vivre enfin.

« Changer radicalement leur mode de vie pour tendre vers la quintessence » pensa sa protégée.

— Avez-vous trouvez quelque chose… Je pense vous avoir laissé suffisamment de temps si je n'abuse, pour fouiller la bibliothèque !, s'exclama Dieu.

— Nous avons presque terminé et aucune trace de cette jeune femme, déclara son subalterne.

Le Tout-Puissant tournait en rond dans son bureau. Cela était impossible. Il se redressa d'un coup, fixa un regard noir sur son Ange.

— Serait-ce possible… ?

Puis Il replongea sa tête dans ses épaules tout en arpentant la pièce.

— Non… Ce n'est pas possible… Peut-être que… Non, non hum et si c'était… Ah Ah ! »

Son cri fit trembler les murs.

— Ils ont osé briser le libre arbitre !, s'écria-t-il.

— Impossible Maître… Cette loi existe depuis la nuit des Temps. Ils ne sont pas assez stupides pour faire une telle chose. Enfreindre cette loi aurait pour conséquence de vous ouvrir le monde terrestre et ainsi vous seriez libre de faire ce que bon vous semble…Cela est impossible.

Le regard de Dieu était comme illuminé.

— Ils seraient fous de faire une chose pareille…Imagine…

Ni une ni deux, Il bondit jusqu'à la porte, la fit voler en éclats puis s'élança dans les couloirs. A ses trousses, son subalterne. Arrivé devant les entrées et sorties du Paradis, Dieu s'arrêta. Juste le temps de donner ses directives, histoire que la maison tourne pendant son absence. Son subalterne osa lui conseiller de ne pas partir.

— Maître, il serait peut-être plus judicieux de ne pas descendre. Vous serez vulnérable et... Il ne termina pas sa phrase.

— Tu parles trop... Tu viens avec moi, puis Il l'attrapa par le bras et se jeta par la sortie.

**

Marie avait les yeux fixés sur l'écran. Ce n'était que guerre, haine et corruption d'un côté et déforestation, massacre des espèces, pollutions multiples et surconsommation de l'autre. La liste était longue des atrocités faites au nom de l'Homme. Même jusqu'au bas de sa porte, l'enfer régnait. Le papi vint vers la petite dame et lui tapota l'épaule.

— Ne t'inquiète pas ma petite Marie, le Ciel nous tombe peut-être sur la tête mais nous sommes encore debout et notre cœur n'abandonnera jamais. Il faut garder espoir.

Marie afficha un petit sourire forcé puis prétexta un plat sur le feu. Elle pleura en silence derrière ses fourneaux. Les jours qui avaient suivi le départ de ce couple, avaient apporté avec eux davantage de bénévoles mais cela était insuffisant. Marie avait un mauvais pressentiment. Quelque chose allait se produire.

Quelque part dans la ville, Dieu se baladait tranquillement avec son subalterne. Il semblait à l'aise malgré la gravité et Il semblait prêt à profiter de tous les avantages de la vie terrestre. Il était vraiment à l'étroit sur son nuage. Maintenant, place aux plaisirs et son choix se porta sur un bar. Ils se retrouvèrent un verre de whisky dans une main et un cigare de l'autre, à faire des petits nuages. A côté d'eux, les gens parlaient tranquillement. Le Tout-Puissant les regarda tout en marmonnant des paroles incompréhensibles. Les gens commencèrent à s'enivrer de plus en plus, et les discussions s'animaient un peu trop. Dieu rigolait beaucoup mais cela n'était pas suffisant. Il s'enivrait aussi de son pouvoir sur les autres. Il lui fallait plus, son doigt se leva. Les discussions s'envenimèrent et l'intervention du barman n'y changea rien. Ce fut la cohue générale et les coups de poing partirent. Dieu sortit le sourire aux lèvres et son acolyte derrière lui.

Le Tout-Puissant respira le bon air de la ville alors qu'ils semaient la haine et la destruction sur leur chemin. L'Homme remplit de peur et dont la foi s'était envolée, faisait un parfait cobaye pour recevoir et amplifier ses péchés. Voir cette violence l'avait enivré bien plus que son verre de Whisky. Il entendit un homme parler d'un refuge, un endroit d'amour et de partage. Il ne fallut pas longtemps pour rejoindre cette maison. Devant la porte du refuge, le subalterne prit la parole :

— Maître, je sens la présence d'Anges déchus…
— Moi aussi. Je pense qu'ils ont besoin de moi… Je vais les remettre sur le droit chemin.

Les deux êtres furent accueillis par une bonne odeur de soupe et la chaleur d'un feu. Ils s'installèrent confortablement puis Dieu commença ses murmures. Il ne visait personne seulement la pièce. Les paroles entre les pensionnaires commencèrent à se faire plus piquantes. Miguel et Pedro, surpris, firent irruption dans le salon. Ils furent frappés par une sensation étrange comme si le mal s'insinuait partout. Dieu aperçut les deux jeunes hommes, Il sauta de son fauteuil, traversa la pièce et se dressa devant eux. Marie poussa un cri. Son cœur s'était serré d'angoisse. Le Tout-Puissant voulut exercer son pouvoir sur eux, mais Il sentit chez ces êtres une protection Divine. Fou de rage, Il était impuissant face à leur foi et leur cœur qui brillaient au milieu des Ténèbres. Cela était insupportable pour Lui. Miguel fit un geste de la main pour dire à Marie de ne pas avancer. Le subalterne essaya de calmer Dieu mais celui-ci ne se contrôlait plus. Sa fureur était immense. Personne n'avait dit mot mais la tension était perceptible. Un pensionnaire envahi par la violence et la haine sortit un pistolet de sous son manteau. Il n'eut pas le temps de s'en servir que Dieu l'avait pris. Il le brandit devant Miguel et la balle partit. Marie se jeta sur le jeune homme. Celui-ci la rattrapa et ils s'écroulèrent au sol. Le silence se fit. L'espace-temps se transforma. Marie sourit à ses fils de cœur. Pedro qui l'enlaçait à son tour, se retrouva les mains en sang.

— J'ai… Je suis désolée… Ne perdez pas espoir mes enfants, je vous aime…Maintenant, laissez-moi partir ! J'ai au fond de moi le désir de rejoindre un lieu de paix. Je n'ai plus rien à faire ici-bas, murmura Marie puis ses yeux se fermèrent. Ses dernières pensées allèrent à la Terre Mère.

Miguel et Pedro pleuraient toutes les larmes de leurs corps. Leur cœur brisé et leur tristesse se répercutèrent comme une onde de forme dans l'univers et alors que son âme s'élevait, celle-ci se dirigea vers Dieu. Surpris, Il recula. Mais l'âme de Marie au lieu de monter aux Cieux, l'entoura et l'emporta avec elle. Le Tout-Puissant voulut s'accrocher à son subalterne, mais celui-ci prit la fuite.

*

Les mondes étaient encore secoués par le cœur de ses deux Hommes et la Nature était en effervescence. Jamais pareil phénomène ne s'était produit.

Esther et Elouan se précipitèrent au centre du lieu sacré. Tout le monde était présent. L'émotion était tellement intense et le choc si important que le silence régnait. La Terre mère présente, enveloppait chacun de son Amour. Une volute apparut. Cela était courant quand une âme humaine choisissait de devenir non pas un Ange Céleste mais un Ange Gardien. Une nouvelle âme venait donc ici mais pourquoi cette énergie ? La peine et la tristesse faisaient partie du deuil pour l'être humain et c'était le rôle des élémentaux de l'aider inconsciemment à apaiser cette souffrance car il était important pour l'âme de partir sereinement. Dans ce cas-là, ce n'était pas un deuil mais une cassure dans l'espace-temps.

Esther, Elouan et les Anges déchus reconnurent l'âme de Marie mais ce qui fit reculer tout le monde, c'était Dieu. Les Anges déchus poussèrent un cri de stupeur. Dieu s'était matérialisé dans ce lieu sacré. Celui-ci se dressait devant la Terre Mère. Ils ne s'étaient pas vus depuis la nuit des Temps car Ils ne vibraient pas au même niveau. La Terre Mère, en sauvant Elouan puis Esther, avait transgressé le libre arbitre. Cependant, Elle avait donné la Vie alors que Dieu l'avait ôté à un être pur. A présent les frontières n'existaient plus. La situation était dramatique et les mondes se retrouvaient en danger. L'équilibre devait être maintenu pour la survie des espèces.

Esther s'avança. Ni Dieu ni la Terre Mère n'avaient le pouvoir de trancher. La jeune femme vit que le cœur de Dieu était noir. Elle s'élança et se saisit du cœur de Dieu. Bien trop occupé à prendre du plaisir sur Terre, Il ne s'était pas rendu compte que son séjour dans le monde des humains l'avait affaibli. Esther, cet être qui était la cause de tout, venait de lui transpercer le corps. Elle se pencha sur Lui et avala son cœur. Esther se recroquevilla de douleur. Elouan voulut la rejoindre mais les Anges déchus le retinrent. Le Mal essaya de se propager dans tout son être.

« *Buvez ceci est mon sang, mangez ceci est mon corps.* »

Le père de la jeune femme se souvint des paroles qu'il avait glissées dans le livre de la Bibliothèque Universelle. Il s'élança auprès de sa fille et prit de l'eau dans le bassin puis celui-ci fit couler l'eau iridescente dans la bouche de son enfant. Esther avait mangé le corps de Dieu alors pourquoi ne pas lui faire boire le sang de la Terre Mère. Le liquide se propagea dans son corps. La jeune femme, de part son geste, était en connexion avec les actes de Dieu. Telle une confession, il se dévoilait à elle.

« Ma poitrine se soulève. Je suis statue pleine de mousse et enlacée par des racines. Les yeux fermés, j'effleure ton être. Je suis à présent la Gardienne de ton âme. Laisse-toi faire. Ouvre-toi et laisse entrer l'Énergie cosmique. Des craquements d'os et de pierres résonnent puis disparaissent. Je vois ton regard bleu nuit, constellé de milliers d'étoiles. Chacune d'elles renferme une âme. Elles te pardonnent toutes l'une après l'autre, elles t'apportent soulagement et paix. A chaque pardon, tes plumes réapparaissent. A présent, tu te dresses devant moi. Tes ailes immenses se déploient. Ton cœur est lumineux et tes pieds s'enracinent. Ton esprit s'envole et rejoint l'Univers. Tu es Harmonie. »

Pendant ce temps, Dieu commençait à se dématérialiser et alors que l'eau purifiait Esther, celle-ci ouvrit les yeux au moment même où le Tout-Puissant se transformait. La Terre Mère enlaça Dieu de son énergie d'Amour, apaisant les dernières souffrances qu'Il avait causées, comme elle l'aurait fait avec un enfant.

Tout le monde put voir à la place du cœur de Dieu, une magnifique graine qui commençait déjà à pousser. C'est ainsi qu'à cet endroit, apparut une pierre gravée comme celles qui se trouvaient à l'entrée du sanctuaire et la graine continuait de grandir. C'était à présent, un magnifique pommier qui enlaçait de ses racines, la pierre gravée comme pour la protéger. L'âme de Marie scintillait et enfin délivrée, elle alla rejoindre le Maître des Vies. Celui-ci prendra bien soin d'elle, de sa vie et de son expérience humaine.

Esther qui était encore faible, se réfugia dans les bras de son père. Celui-ci posa sa main sur son ventre et lui murmura :

— Heureusement qu'il est bien au chaud là-dedans.

La jeune femme trop épuisée ne réagit pas.

Épilogue

Un soleil radieux inondait le monde, les mondes. La Terre n'était pas devenue entièrement, un lieu de Paix et d'Amour mais la violence avait cessé et l'équilibre restait préservé. Miguel et Pedro avaient repris l'établissement de Marie. Elle était dans leur cœur à jamais.

Là-Haut, tout était rentré dans l'ordre…Enfin presque. A la place de Dieu, l'Ange subalterne régnait. Ses ambitions étaient moindres ainsi son domaine au milieu des nuages et son trône lui suffisaient. Il se contentait du libre arbitre et accueillait toutes les âmes qui avaient choisi le Ciel plutôt que la Terre. Il fit enregistrer un nouveau livre dans la Bibliothèque Universelle, non pas d'une Vie humaine mais d'un destin Céleste. Celui-ci, ayant pour fin, le dessin d'une enluminure. Nous pouvions voir un pommier enlaçant une pierre gravée. Son prédécesseur avait goûté au désir et au pouvoir. Il avait fait l'erreur de se laisser corrompre par des siècles d'abominations faites au nom de l'église et de la religion.

Heureusement, le passé s'effaçait car dans un lieu sacré et préservé, une jeune femme avait donné naissance à un enfant. Celui-ci faisait ses premiers pas sous un pommier qui donnait, éternellement, les meilleures « pommes d'Amour » au monde ou d'ailleurs…

Couverture, mise en page et dessins :

Laëticia Bezacier

Dépôt légal : décembre 2015

www.ingramcontent.com/pod-product-compliance
Lightning Source LLC
Chambersburg PA
CBHW052035090426
42739CB00010B/1922

Merci à...

Ma maman au milieu des étoiles et mon papie qui a toujours été fier de moi : Je vous aime… Vous êtes dans mon cœur à jamais.

Mon fils… qui me fait découvrir ce que le mot « mère » veut dire à chaque instant.

Tiki, mon petit soleil à moi!

Ori et toute la petite famille merci d'illuminer ma vie même dans les moments durs.

Mon père qui m'a appris à ses dépens que vivre, c'est lâcher ses valises et vivre l'instant présent mais aussi que nous sommes seuls responsables de notre vie car les parents parfaits n'existent pas.

Ma grand-mère de cœur qui m'a donné le courage d'avancer et de suivre mes aspirations.

Fleurette, une femme incroyable et mon amie.

Alain et sa substantifique moelle.

Mamie Jacky pour son grand cœur et sa relecture

La Vie…

Et toutes les personnes que j'ai croisées, qui m'ont fait vivre des expériences et permis d'avancer sur mon chemin.